SÉRIE TEORIA E PRÁTICA DAS ARTES VISUAIS

Preservação do patrimônio cultural, história da arte, colecionismo e museologia no Brasil

Paulo Cesar Tomaz

Rua Clara Vendramin, 58 · Mossunguê · CEP 81200-170 · Curitiba · PR · Brasil
Fone: (41) 2106-4170 · www.intersaberes.com · editora@intersaberes.com

Conselho editorial
Dr. Alexandre Coutinho Pagliarini
Drª Elena Godoy
Dr. Neri dos Santos
Mª Maria Lúcia Prado Sabatella

Editora-chefe
Lindsay Azambuja

Gerente editorial
Ariadne Nunes Wenger

Assistente editorial
Daniela Viroli Pereira Pinto

Preparação de originais
Gilberto Girardello Filho

Edição de texto
Palavra do Editor

Capa
Cynthia Burmester do Amaral
Sílvio Gabriel Spannenberg (*design*)
Crazy Lady/Shutterstock (imagem)

Projeto gráfico
Conduta Design (*design*)
Horus2017/Shutterstock (imagem)

Diagramação
Conduta Design

***Designer* responsável**
Sílvio Gabriel Spannenberg

Iconografia
Maria Elisa Sonda
Regina Claudia Cruz Prestes

Dados Internacionais de Catalogação na Publicação (CIP)
(Câmara Brasileira do Livro, SP, Brasil)

Tomaz, Paulo Cesar
   Preservação do patrimônio cultural, história da arte, colecionismo e museologia no Brasil / Paulo Cesar Tomaz. -- Curitiba : Editora Intersaberes, 2023. -- (Série teoria e prática das artes visuais)

   Bibliografia.
   ISBN 978-65-5517-050-4

   1. Arte – Brasil – História 2. Colecionadores e colecionismo 3. Museologia - Brasil – História 4. Patrimônio cultural – Brasil 5. Patrimônio cultural - Preservação I. Título. II. Série.

22-134702   CDD-363.690981

Índices para catálogo sistemático:

1. Brasil : Patrimônio cultural : Memória e preservação   363.690981

Cibele Maria Dias – Bibliotecária – CRB-8/9427

1ª edição, 2023
Foi feito o depósito legal.
Informamos que é de inteira responsabilidade do autor a emissão de conceitos. Nenhuma parte desta publicação poderá ser reproduzida por qualquer meio ou forma sem a prévia autorização da Editora InterSaberes.
A violação dos direitos autorais é crime estabelecido na Lei n. 9.610/1998 e punido pelo art. 184 do Código Penal.

Sumário

Apresentação 9
Como aproveitar ao máximo este livro 11

1 Entendendo o que é patrimônio cultural **15**
    1.1 Significado de *patrimônio cultural* 18
    1.2 Patrimônio individual e coletivo 21
    1.3 Patrimônio cultural material e imaterial 24
    1.4 Patrimônio cultural: desenvolvimento histórico 26

2 A história da arte no Brasil **45**
    2.1 Arte rupestre e arte indígena brasileira 48
    2.2 Maneirismo, barroco e rococó no Brasil 53
    2.3 Neoclassicismo no Brasil 57
    2.4 Romantismo no Brasil 60
    2.5 Modernismo no Brasil 64
    2.6 Arte pós-moderna e arte contemporânea no Brasil 68

3 Políticas de preservação do patrimônio cultural no Brasil **77**
    3.1 Os modernistas e o Estado Novo 80
    3.2 A criação do Sphan e a preservação do patrimônio cultural nos anos subsequentes ... 82
    3.3 A preservação do patrimônio cultural no Brasil a partir de 1970 86
    3.4 O Iphan e a preservação de obras de arte 88

4 Colecionismo e antiquário: a arte de guardar objetos **97**
    4.1 Do antiquário ao colecionismo 100
    4.2 O colecionismo do século XVI ao século XX 104
    4.3 O colecionismo na atualidade 107
    4.4 Discussões sobre o ato de colecionar 109

5 Os museus e as coleções no Brasil **125**
   5.1 A fundação do Museu Nacional e do Museu Paraense Emílio Goeldi 128
   5.2 O surgimento de novos museus no Brasil 136

6 O patrimônio e seus novos desafios: o contexto do patrimônio e da arte no início do século XX **149**
   6.1 Museu Nacional: da destruição à reconstrução 152
   6.2 Devolução: objetos para suas origens, patrimônio para suas nações 158
   6.3 Memórias e estátuas: a disputa pelos significados dos espaços 165
   6.4 Mudanças no modelo curatorial 171
   6.5 Novos tempos, novas artes 173

Considerações finais 191
Referências 193
Bibliografia comentada 203
Respostas 209
Sobre o autor 211

A Deus, por tudo o que me tem concedido. À Editora InterSaberes, pelo convite para escrever esta obra. Ao professor Marcos Ruiz da Silva, por me indicar para essa empreitada. Ao meu filho Kaléo O. Tomaz, por atuar como meu auxiliar de pesquisa. À minha esposa Eliane e ao meu filho Kauã, pela paciência que tiveram enquanto eu escrevia.

Apresentação

Este livro tem por objetivo analisar questões relacionadas ao patrimônio cultural, bem como as formas de propiciar sua devida valorização e preservação. A temática referente ao patrimônio cultural é muito relevante e constitui um assunto bastante amplo, que precisa ser estudado cuidadosamente, a fim de que seja compreendido em sua totalidade. Esse tema é tão importante e necessário que os governos de diversas nações mantêm departamentos específicos para tratá-lo de maneira conveniente, buscando promovê-lo e regulá-lo. O patrimônio cultural une os indivíduos e confere identidade aos povos, constituindo-se também como fator gerador de riquezas, ao fomentar o comércio e o turismo em suas diversas modalidades. Portanto, o patrimônio cultural corresponde à riqueza de um povo, de uma nação e, por que não dizer, da humanidade. O assunto é tão relevante que mesmo a Organização das Nações Unidas (ONU), por meio da Organização das Nações Unidas para a Educação, a Ciência e a Cultura (Unesco), tem tratado de questões relativas a essa matéria como sendo de importância global.

Depois de delimitarmos o tema adequadamente, com o intuito de elucidá-lo da melhor forma possível, buscaremos nos concentrar nos elementos diretamente relacionados ao patrimônio cultural nacional. Assim, examinaremos a cultura brasileira em suas diversas manifestações, por meio de sua riqueza demonstrada nas artes visuais, na escultura, na arquitetura, além de outras manifestações próprias da identidade nacional. Também visitaremos os esforços que o governo brasileiro despendeu (e tem despendido) em vários momentos da história na busca por salvaguardar tal riqueza, seja promovendo formas de divulgação da cultura pela preservação de obras de arte, pelo tombamento de monumentos compreendidos como de valor histórico e artístico para a nação, seja preservando toda essa riqueza mediante a construção de museus em suas diversas instâncias – nacionais, estaduais ou municipais.

Para discorrermos sobre essas temáticas, já no Capítulo 1 analisaremos o conceito de patrimônio cultural, assim como sua importância e seu significado. Ainda, veremos de que forma as noções vinculadas a esse tema foram sendo construídas com o passar dos anos, desde os primeiros momentos no período greco-romano, passando pelos períodos medieval, iluminista e, depois, de formação dos Estados nacionais, até chegarmos aos séculos XX e XXI.

No Capítulo 2, mostraremos um pouco do que existe em termos de patrimônio cultural no Brasil. Assim, descreveremos as diversas fases em que didaticamente os períodos da história da arte no país têm sido divididos, além de sua inter-relação com o patrimônio cultural. Abordaremos alguns aspectos vinculados às artes rupestre e indígena, ao maneirismo, ao barroco e ao rococó, ao neoclassicismo, ao romantismo, ao modernismo e às artes pós-moderna e contemporânea.

No Capítulo 3, trataremos das políticas de preservação do patrimônio cultural no Brasil. Esse assunto será contextualizado a partir da década de 1920, com o movimento modernista e a Semana de Arte Moderna. Apresentaremos as políticas de preservação do patrimônio cultural estabelecidas pelo governo brasileiro em diversos momentos até os dias atuais.

No Capítulo 4, versaremos sobre o colecionismo e o antiquário, que se constituem na arte de guardar objetos.

No Capítulo 5, nosso foco estará relacionado ao surgimento dos museus no Brasil e às primeiras coleções nacionais, com especial ênfase para as mudanças interpretativas que ocorreram no que diz respeito à organização das coleções e a seus significados antropológicos.

Por fim, no Capítulo 6, abordaremos o assunto relativo ao patrimônio cultural e seus atuais desafios, com o objetivo de analisar os contextos do patrimônio e da arte no início do século XXI. Também serão nosso objeto de análise a destruição e a reconstrução do Museu Nacional. Além disso, buscaremos fornecer os subsídios necessários para um melhor entendimento das coleções museológicas nacionais e internacionais, das mudanças no modelo curatorial, bem como dos novos tempos e das novas artes, os quais são fruto dos atuais paradigmas decorrentes das evoluções tecnológicas.

Desejamos a você uma boa leitura.

Como aproveitar ao máximo este livro

Empregamos nesta obra recursos que visam enriquecer seu aprendizado, facilitar a compreensão dos conteúdos e tornar a leitura mais dinâmica. Conheça a seguir cada uma dessas ferramentas e saiba como estão distribuídas no decorrer deste livro para bem aproveitá-las.

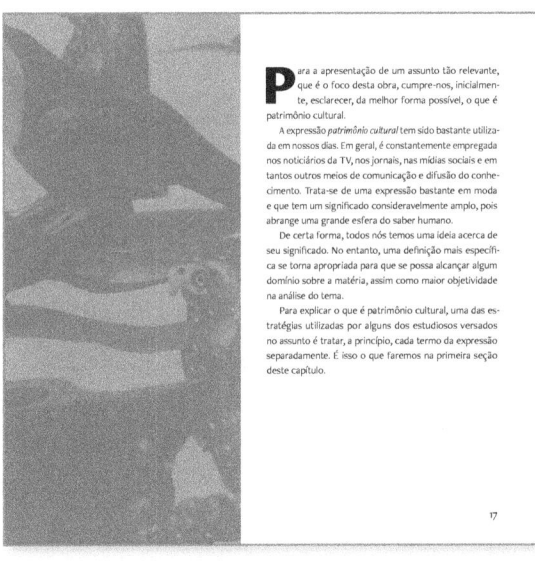

Introdução ao capítulo

Logo na abertura do capítulo, informamos os temas de estudo e os objetivos de aprendizagem que serão nele abrangidos, fazendo considerações preliminares sobre as temáticas em foco.

Indicações culturais

Para ampliar seu repertório, indicamos conteúdos de diferentes naturezas que ensejam a reflexão sobre os assuntos estudados e contribuem para seu processo de aprendizagem.

Síntese

Ao final de cada capítulo, relacionamos as principais informações nele abordadas a fim de que você avalie as conclusões a que chegou, confirmando-as ou redefinindo-as.

Atividades de autoavaliação

Apresentamos estas questões objetivas para que você verifique o grau de assimilação dos conceitos examinados, motivando-se a progredir em seus estudos.

Atividades de aprendizagem

Aqui apresentamos questões que aproximam conhecimentos teóricos e práticos a fim de que você analise criticamente determinado assunto.

Bibliografia comentada

Nesta seção, comentamos algumas obras de referência para o estudo dos temas examinados ao longo do livro.

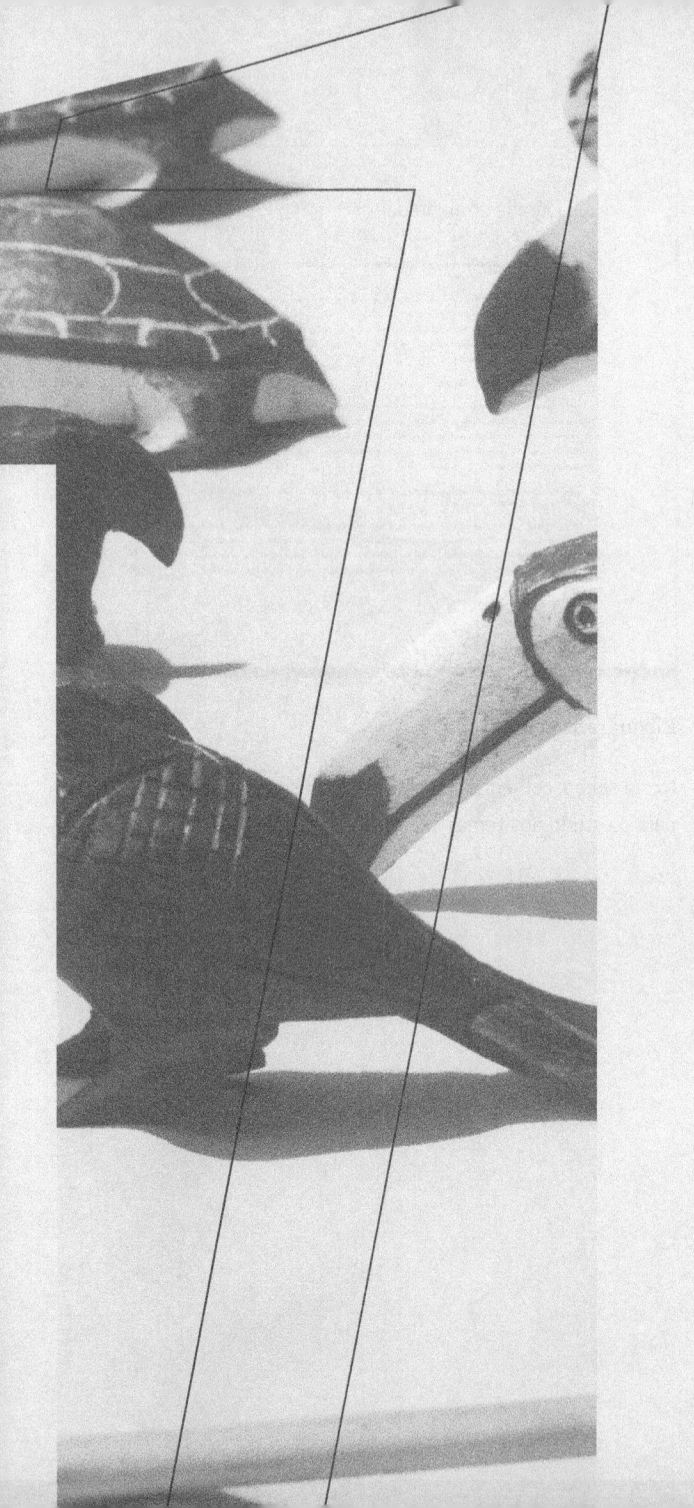

Entendendo o que é patrimônio cultural

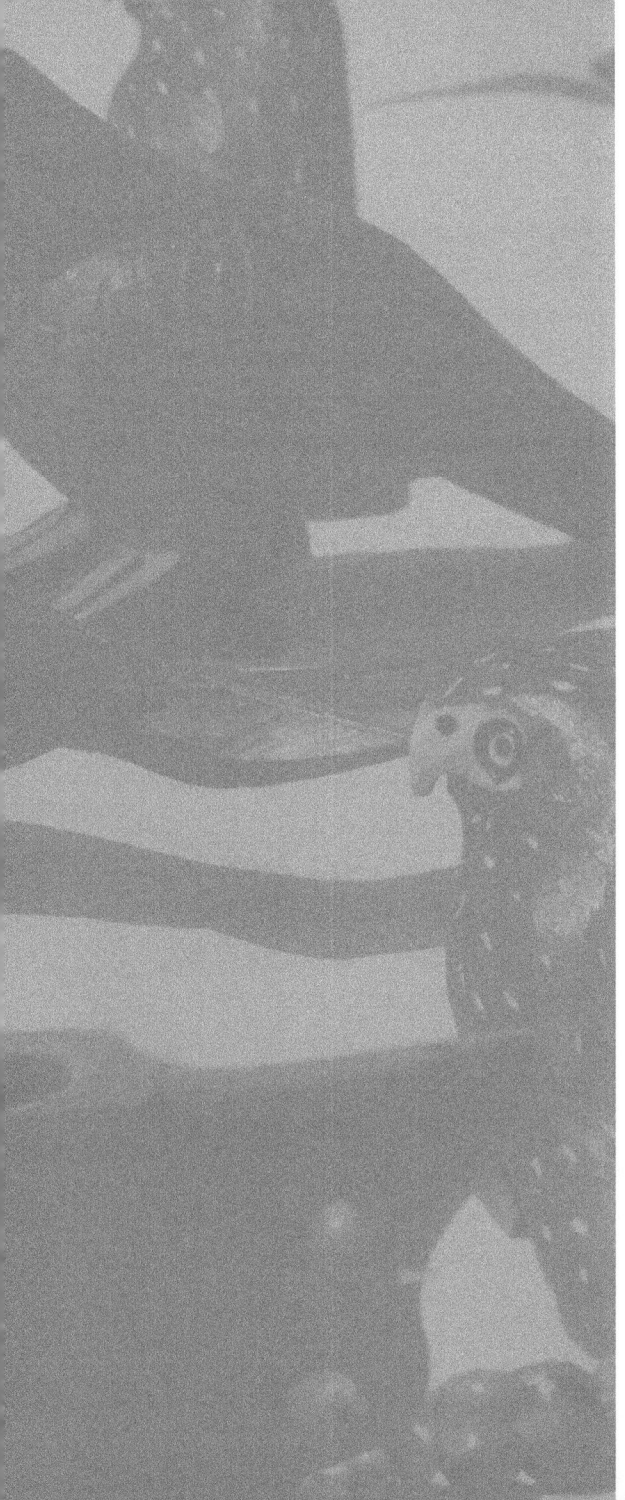

Para a apresentação de um assunto tão relevante, que é o foco desta obra, cumpre-nos, inicialmente, esclarecer, da melhor forma possível, o que é patrimônio cultural.

A expressão *patrimônio cultural* tem sido bastante utilizada em nossos dias. Em geral, é constantemente empregada nos noticiários da TV, nos jornais, nas mídias sociais e em tantos outros meios de comunicação e difusão do conhecimento. Trata-se de uma expressão bastante em moda e que tem um significado consideravelmente amplo, pois abrange uma grande esfera do saber humano.

De certa forma, todos nós temos uma ideia acerca de seu significado. No entanto, uma definição mais específica se torna apropriada para que se possa alcançar algum domínio sobre a matéria, assim como maior objetividade na análise do tema.

Para explicar o que é patrimônio cultural, uma das estratégias utilizadas por alguns dos estudiosos versados no assunto é tratar, a princípio, cada termo da expressão separadamente. É isso o que faremos na primeira seção deste capítulo.

1.1 Significado de *patrimônio cultural*

A palavra *patrimônio* tem origem no latim *patrimonium*, termo derivado do latim *pater* ("pai") ou *pater familias* ("pai de família"). Ao discorrer sobre o assunto, Mendes (2012) comenta que, na Antiguidade romana, tal expressão se referia ao conjunto de bens que pertenciam ao pai de família e que, consequentemente, poderiam ser transmitidos por herança aos descendentes. Isso é significativo e nos ajuda a ter uma compreensão inicial acerca do que é patrimônio cultural, pois temos aqui a ideia de uma herança transmitida por sucessivas gerações e que se estabelece por meio da tradição (do latim *traditio*), quando então um bem era transferido às mãos dos sucessores, ou seja, dos herdeiros nas tradições familiares.

A palavra *tradição* em si mesma já fornece essa orientação. Nos termos do direito legal, *tradição* significa a entrega de determinada coisa ao seu adquirente, transferindo-lhe, assim, a posse e dando-lhe o direito de propriedade sobre aquele bem. Portanto, *tradição* é isto: transferência de bens, de coisas, a um subsequente.

Também é importante analisar o significado da palavra *herança*, que, no período citado, dizia respeito a bens repassados de geração a geração e que tinham valor patrimonial (ou seja, monetário) e também afetivo – com uma gama de significados – para o herdeiro que deles se beneficiava. Desse modo, compreendemos que a herança favorece e enriquece de múltiplas formas o herdeiro.

No entanto, no costume romano, o patrimônio tinha um significado diferente daquele a que estamos acostumados em nossos dias. Naquele contexto, o patrimônio consistia na totalidade dos bens, incluindo pessoas e coisas, que estavam sob o poder patriarcal. Ou seja, terras, construções, animais, escravos e até mesmo esposa e filhos pertenciam ao pai de família, constituindo-se como parte integrante de sua propriedade, de seu *patrimonium*. Isso nos parece estranho e diverge dos conceitos e valores atuais, uma vez que pessoas não são contadas em nossos dias como propriedade de alguém – apenas as coisas estão presentes nesse rol. É necessário acentuar, pois, que, conforme o tempo passa, as palavras vão evoluindo e tomando novos significados, distanciando-se de seu sentido original. Vale aqui resguardar, em relação ao conceito de patrimônio, seu valor como herança transmitida e como conjunto de bens (tangíveis ou intangíveis) passados de geração a geração como legado para as futuras gerações.

Ainda quanto à expressão *patrimônio cultural*, temos de analisar em que consiste o termo *cultura*, pois estamos tratando não somente do que é patrimônio, mas também do que é patrimônio cultural. Dessa forma, poderíamos questionar: O que é cultura? Essa pergunta parece, à primeira vista, fácil de ser respondida, não é mesmo? Porém, a palavra *cultura* é uma daquelas expressões que, assim como *patrimônio*, mostra-se de difícil elucidação e que, por isso, precisa ser examinada de maneira mais cuidadosa, a fim de que possa haver uma boa compreensão do assunto.

O termo *cultura* vem do latim *colere*. Seu significado é bastante amplo e pode trazer como sinônimos verbos como *habitar, cultivar, proteger* e mesmo *honrar com veneração*, podendo existir neste último caso uma conotação religiosa (Hollanda, 2012). Assim, a palavra *culto*, no sentido litúrgico, procede dessa mesma raiz. No geral, o significado inicial da palavra *cultura* tem uma vocação mais agrária, vinculada ao homem do campo que cuidava do plantio na agricultura ou, mesmo, do manejo de seus animais no pasto.

Entretanto, com o passar dos anos, esse termo também evoluiu em significados, passando mais recentemente a expressar o esforço gasto para o desenvolvimento das habilidades e capacidades humanas. Em última instância, começou a ser utilizado igualmente para se referir às próprias produções humanas. Sob essa ótica, construções, monumentos, bem como obras artísticas, passaram a ser símbolos dessa mesma expressão (Canedo, 2009). Logo, o vocábulo *cultura* pode ser interpretado como tudo aquilo que é produzido pelo ser humano, fruto de sua capacidade de transformar, mediante sua criatividade e suas capacidades, o que há de intocável no contexto da natureza. Essa mesma cultura é produzida e transmitida constantemente às gerações que se sucedem.

Podemos até mesmo ir além no entendimento do conceito de *cultura*. Em uma análise mais minuciosa, verificamos que linguagem e cultura estão intimamente relacionadas e que, por meio da linguagem, o ser humano transmite seu conhecimento cultural sucessivamente às gerações futuras. Isso não acontece com os animais, por exemplo, que vivem em cada geração seu próprio dia a dia, na busca por atender a suas necessidades básicas de sobrevivência, como alimentar-se, abrigar-se e reproduzir-se. No cotidiano dos animais, as informações transmitidas não vão muito além daquelas necessárias à própria subsistência. Já no caso dos seres humanos, ocorre o contrário: as informações obtidas por uma geração se acumulam nas sucessivas gerações. Até mesmo uma criança em idade escolar inicial já agrega em seu aprendizado o conhecimento acumulado por seus antepassados, pois a própria escrita com as letras do alfabeto, como a conhecemos hoje, é herança das civilizações fenícias, que se desenvolveram há mais de 3.500 anos.

A antropologia é uma ciência que cogitou compreender o fenômeno cultural. Nesse sentido, os antropólogos procuraram se aprofundar nesse tema, a ponto de imergirem em culturas distintas, com o intuito de conhecer os modos de vida, de se alimentar, de se vestir e de se relacionar peculiares às culturas tidas no passado como "exóticas" – grupos tribais, povos vistos como "primitivos". Disso decorreu a imagem do profissional dessa área (pesquisador cultural) como alguém que busca conviver com povos tribais, para aprender sobre sua alimentação, seu idioma, seus costumes, suas histórias, suas lendas e sua cosmovisão.

Contudo, no mundo globalizado em que vivemos hoje, percebemos que as culturas podem ser distintas também dentro dos próprios países. Em virtude da circulação de pessoas, dos movimentos populacionais e das imigrações, esse fenômeno pode ser observado mesmo no Brasil, por exemplo, que conta com descendentes de alemães, assim como de poloneses, de italianos, de japoneses, de franceses, de árabes, de chineses e de tantos outros povos que mesclaram sua cultura com a nossa, cuja matriz já era formada por povos indígenas, portugueses e africanos. Dessa maneira, há uma variedade cultural, com características próprias, convivendo em um mesmo território. Foi nesse contexto de compreensão que o termo *cultura*, no sentido moderno, nasceu – forjado inicialmente pela antropologia, após esse primeiro momento, tornou-se de domínio comum, sendo apropriado pelas demais áreas do saber.

Agora, neste ponto, já podemos definir *patrimônio cultural*. Até então, explicamos que *patrimônio* corresponde a tudo aquilo que pode ser contado como bem que possui valor (monetário, histórico, estético ou mesmo cultural) e que é transmitido de geração a geração. Também comentamos que o termo *cultura* sinaliza que os bens se constituem nas produções humanas, as quais podem ser das mais variadas possíveis, como construções, monumentos, obras artísticas, objetos e utensílios. A isso acrescentamos que tais produções incluem toda forma de transmissão de saberes, como o fazer e o saber fazer, e mesmo as técnicas que as envolvem, além de todo o conhecimento produzido pelo ser humano e que se manifesta das mais variadas formas por meio de povos, grupos, etnias e indivíduos.

Vogt (2008, p. 14), em artigo sobre o tema, define *patrimônio cultural* como o "conjunto de todos os bens materiais ou imateriais, que, pelo seu valor intrínseco, são considerados de interesse e de relevância para a permanência e a identificação da cultura da humanidade, de uma nação, de um grupo étnico ou de um grupo social específico". Nessa definição, vemos que existe uma relação de interesse e relevância das produções culturais para grupos sociais específicos e, ainda, que tais grupos atribuem valores diferentes a determinados bens culturais. Isso nos leva à conclusão de que a seleção do que tem ou não valor para determinada sociedade sempre passa por um filtro de elegibilidade, ou seja, o que é ou não relevante em certo contexto, de acordo com os valores de grupos específicos.

Figura 1.1 – Centro Histórico de Olinda

Luis War/Shutterstock

Aqui, vale mencionar que alguns locais, monumentos, edificações, objetos ou mesmo reservas naturais são tão importantes que passaram a ser considerados como patrimônio da humanidade. O Centro Histórico de Olinda, em Pernambuco, é um desses locais (Figura 1.1).

1.2 Patrimônio individual e coletivo

Agora, é necessário distinguir patrimônio individual de patrimônio coletivo. O **patrimônio individual** pertence particularmente ao indivíduo. Nesse sentido, como exemplo, podemos nos referir aos bens herdados e que estão na esfera privada, isto é, aqueles de que as pessoas dispõem como parte de sua propriedade pessoal. Esse tipo de patrimônio pode ser exemplificado por um quadro ou uma fotografia na parede, herdada de um ente querido da família. Esse quadro ou fotografia pode até mesmo não ter valor econômico para a sociedade em geral, mas no contexto privado pode possuir grande valor afetivo, pois representa uma lembrança de parentes queridos que já se foram.

O patrimônio individual não está presente apenas em coisas materiais. O próprio conhecimento, como a receita de um bolo ou o modo de se fazer tal iguaria, também é um patrimônio, embora no âmbito imaterial, já que corresponde a um domínio, uma técnica transmitida ao longo de gerações. Outro exemplo é o caso de uma obra de arte adquirida por determinado colecionador. Trata-se de um bem particular que está no âmbito privado. Nesse caso, no entanto, devemos compreender que existem certos bens que, apesar de estarem no âmbito privado, transcendem a esfera do valor individual, pois apresentam um valor coletivo.

O **patrimônio coletivo**, por sua vez, transpõe o contexto individual, das heranças e dos valores familiares, e alcança a sociedade de forma mais abrangente. Ele possui valor e relevância em um contexto plural, podendo ter importância cultural para a humanidade como um todo, para uma nação em particular ou, mais especificamente, para um grupo étnico ou, ainda, um grupo social em particular, como uma cidade ou mesmo um vilarejo. Configura-se, portanto, uma identidade comum, construída socialmente pelos habitantes de determinada localidade.

Contudo, é importante considerar que as pessoas nem sempre têm os mesmos valores e opiniões sobre certos assuntos. Há divergências de pensamento, embates acerca do que é ou não relevante. Assim, o patrimônio coletivo – ou seja, os valores culturais de um grupo social – é sempre parte de uma construção simbólica. Em sua maioria, é elaborado por meio de tradições orais, mitos originários, ritos religiosos, eventos políticos, herança de dominados e/ou dominadores etc. Tais valores culturais coletivos são expressos mediante símbolos construídos, que podem ser edificações, monumentos, torres, objetos, bandeiras e/ou brasões. Ainda, esses valores podem ser representados por intermédio de músicas, hinos, livros, contos e lendas. Normalmente, estão ligados às tradições, à memória, e pertencem à coletividade.

As memórias coletivas são aquilo que produz a identidade, tão necessária para promover a coesão e a unidade de uma sociedade. Nessa perspectiva, Michael Pollak (1989, p. 9) acentua que a memória comum, ou memória coletiva, exerce pelo menos duas funções essenciais, quando relacionada aos Estados: "Manter a coesão interna e defender as fronteiras daquilo que um grupo tem em comum, em que se inclui o território (no caso de Estado)". Nesse sentido, o autor assevera que as memórias coletivas se constituem em formas de buscar salvaguardar a lembrança de acontecimentos passados e de interpretações comuns de determinado grupo social, o que faz florescer, nessas mesmas sociedades, sentimentos de pertencimento, de complementaridade. Ao tratar desse tema, Pollak (1989) ainda argumenta que existe até mesmo um ambiente de disputa, de competição entre memórias concorrentes, no qual as memórias de culturas minoritárias se opõem à memória oficial, que é a representada pela memória nacional. Em tais situações, as memórias minoritárias podem até mesmo suplantar a memória oficial, reescrevendo a história.

Quando pensamos em memória coletiva, não podemos deixar de mencionar também que ela, sendo a construção de uma narrativa simbólica dentro de determinado grupo social, não está isenta de sofrer embates por disputas de poder. Trata-se aqui de um poder simbólico, exercido pelos agentes sociais, como forma de dominação. Portanto, não é raro que as elites sociais, políticas, religiosas e econômicas façam parte desses discursos, criando suas próprias narrativas e seus heróis, em um contínuo movimento de construção histórica dos acontecimentos passados. Esse fenômeno é descrito por Pierre Bourdieu (1989) como manipulação simbólica. Tal fenômeno de representação pode se mostrar presente, por exemplo, na procura por critérios objetivos de identidade regional, como língua, dialeto e sotaque, os quais, conforme o autor, manifestam-se por meio de representações objetivas, como emblemas, bandeiras e insígnias. Esse processo tem por fim conferir unidade e identidade ao grupo, por imposição da classe dominante.

1.3 Patrimônio cultural material e imaterial

É bastante recente a distinção estabelecida entre patrimônio cultural material e patrimônio cultural imaterial. Tal diferenciação surgiu em um contexto no qual se deu a percepção de que a produção humana poderia resultar em duas grandes vertentes: uma ligada à materialidade das coisas, fruto do labor humano, das habilidades de transformar a natureza produzindo objetos, coisas, bens móveis ou imóveis; e outra associada àquilo que não se materializa de forma propriamente dita, não tem estrutura corpórea, embora também seja resultado da engenhosidade humana, do conhecimento e das habilidades pensantes do homem. Trata-se das técnicas, do saber fazer, do conhecimento acumulado e transmitido, das manifestações musicais, dos costumes, assim como de danças, lendas, culinária e tudo o que caracteriza a genialidade humana.

Com relação a esse espectro de materialidade, Fonseca (2005) elenca uma variedade de objetos e construções que podem ser reconhecidos como patrimônio histórico: igrejas, palácios, fortes, pontes, esculturas, pinturas, vestígios arqueológicos, paisagens, artesanatos, coleções etnográficas, equipamentos industriais, entre outros.

Sob essa perspectiva, na busca por elucidar melhor o conceito de *matéria*, Pelegrini e Funari (2008) recorrem à etimologia e destacam que esse termo vem do latim *materies*, proveniente da substantivação da palavra *mater* ("mãe"), e que passou a designar algo concreto, como a madeira, dando origem a todo tipo de coisa. Somando-se esse termo à palavra *cultura*, forma-se o conceito de **cultura material**, que compreende "a totalidade do mundo físico apropriado pelas sociedades humanas" (Pelegrini; Funari, 2008, p. 26-27). Os mesmos autores explicam a imaterialidade como algo que não se pode tocar, ainda que possa ser percebido. Trata-se aqui do conceito também referido como **patrimônio intangível** ou, mais modernamente, **patrimônio imaterial**.

Como bem destaca Leal (2013), é interessante argumentar que o conceito de patrimônio cultural imaterial, mormente definido pela Organização das Nações Unidas para a Educação, a Ciência e a Cultura (Unesco) em sua carta de 2003, já continha conceitos significativos encontrados no pensamento antropológico acerca do que vem a ser cultura. Essa definição está presente no pensamento de Edward

Tylor (1871), que conceituou *cultura* como um todo complexo que inclui o conhecimento, as crenças, as artes, a moral, as leis, os costumes e todas as demais capacidades e hábitos adquiridos pelo ser humano como parte integrante da sociedade. Ainda, podemos acrescentar que o antigo conceito antropológico que associava a cultura a um viés evolucionista, classificando as culturas como primitivas ou civilizadas, não tem mais espaço na antropologia moderna, a qual

Figura 1.2 – Roda de capoeira

entende haver diferentes manifestações culturais na diversidade de povos e nações do planeta – logo, não há uma hierarquia de desenvolvimento entre elas. Assim, tais culturas são distintas e devem ser preservadas, em virtude do risco iminente de desaparecem por conta do fenômeno da globalização.

O Instituto do Patrimônio Histórico e Artístico Nacional (Iphan), ao definir os bens culturais de natureza imaterial, afirma que estes se referem "àquelas práticas e domínios da vida social que se manifestam em saberes, ofícios e modos de fazer; celebrações; formas de expressão cênicas, plásticas, musicais ou lúdicas; e nos lugares (como mercados, feiras e santuários que abrigam práticas culturais coletivas)" (Iphan, 2022b).

Diante do exposto, um exemplo que podemos citar é a roda de capoeira (Figura 1.2), reconhecida em 2014 pela Unesco como patrimônio cultural imaterial da humanidade. Trata-se de uma importante conquista para a nossa cultura, pois é símbolo da resistência negra no Brasil durante o longo processo de escravidão.

1.4 Patrimônio cultural: desenvolvimento histórico

Ao longo desta seção, vamos fazer uma viagem pelos séculos. Partindo da Antiguidade, passaremos pelo período medieval até chegarmos à época que deu origem à formação dos Estados nacionais. Será uma longa caminhada, em que discorreremos sobre vários aspectos, explicando de que forma o conceito de patrimônio cultural foi construído no decorrer do tempo e como foi utilizado como instrumento para legitimar a formação dos Estados nacionais, desde seus primórdios até os dias atuais. Nesse percurso, houve múltiplos acontecimentos, disputas pelo poder, novas descobertas, bem como novos entendimentos acerca dos valores relacionados ao patrimônio, às artes e à cultura.

1.4.1 Na Antiguidade e no período medieval

Como já mencionamos, no costume romano, o patrimônio pertencia ao pai de família, constituindo-se, assim, como parte integrante de sua propriedade, de seu *patrimonium*. Essa realidade se aplicava às elites aristocráticas patriarcais romanas, sendo, portanto, de cunho privado entre os mais abastados. A maioria da população não possuía *patrimonium*, não era dona de grandes propriedades nem de escravos. Coleções de esculturas gregas e objetos de valor circulavam como propriedade privada entre os poderosos, detentores desses mesmos bens. Marlene Suano (1986) afirma que foram os romanos os grandes colecionadores da Antiguidade, trazendo para Roma espólios de guerra conquistados no Oriente, na Britânia, no norte da África, bem como em todo o vastíssimo império sob seu domínio. Tais bens pertencentes às autoridades privadas eram motivo de orgulho e sinal de riqueza, bem como de demonstração de poder e ostentação por parte da elite política, dominadora do Estado, que havia espoliado a herança grega. A esse respeito, Choay (2014) comenta que essas relíquias inicialmente adentraram discretamente como propriedade privada em algumas habitações romanas, mas tal situação se modificou quando Agripa ordenou que fossem expostas obras gregas, antes entesouradas nos templos, diante dos olhos de todos nos espaços públicos, como exibição de requinte e do poder conquistador dos romanos. Nesse caso, ainda não existia o que se entende hoje por *patrimônio público*, pois a noção de Estado como a conhecemos hoje foi uma conquista bem mais recente.

Com o advento do cristianismo, uma vez que o Império se tornou cristão, por meio do Imperador Constantino (século IV), e com a ascensão da elite eclesiástica, os grandes templos e catedrais passaram a ser construídos. Somam-se aos objetos citados anteriormente as relíquias e objetos sagrados. A influência do cristianismo se fez presente em todo o Império Romano, e o culto cristão passou a ser a prática religiosa do povo. Por parte da Igreja, houve o domínio do poder espiritual e temporal. As catedrais começaram a ser percebidas como locais sagrados e de experimentação religiosa, com imagens de santos e majestosos templos com lindos vitrais. Desde então, a Igreja passou a ser uma grande receptora de doações, compondo fabulosos tesouros com amplas coleções de objetos sagrados e relíquias dos santos. Essa influência notadamente religiosa perpassou toda a Idade Média e imprimiu na mente do povo a religiosidade característica daquele período. Contemplavam-se nas esculturas as imagens sagradas, fruto da devoção aos santos, e nos vitrais dos templos religiosos se reproduziam, por meio de gravuras, os eventos religiosos descritos nos evangelhos.

Com o Renascimento, movimento cultural, social e político que se iniciou no século XIV, surgiu um novo paradigma no que diz respeito à concepção de mundo. Ocorreu um distanciamento da religiosidade que dominou as mentes das pessoas durante toda a Idade Média. O próprio termo *renascimento* ou *renascença* carrega em si o entendimento de "nascer novamente" e tem como sentido a busca por uma nova compreensão do mundo. Esse movimento resultou em um retorno à Antiguidade Clássica, a fim de revisitar o que se entendia como a verdadeira fonte do belo e do conhecimento por meio da cultura greco-romana, há muito tempo esquecida. O Renascimento olhava com certo desdém os acontecimentos dos séculos passados – a Idade das Trevas –, quando se acreditava que o conhecimento e o saber tinham estagnado em uma longa era de escuridão cultural, a qual se prolongou por todo o período medieval. Logo, os renascentistas tinham certo otimismo em relação ao presente e em direção ao futuro que se descortinava.

Figura 1.3 – *A criação de Adão*, de Michelangelo

BUONARROTI, Michelangelo. **A criação de Adão**. 1508-1512. Afresco, 280 × 570 cm. Capela Sistina, Vaticano.

A obra *A criação de Adão* (Figura 1.3), de Michelangelo, pintada com a técnica em afresco no teto da Capela Sistina em 1511, aproximadamente, representa um dos grandes símbolos da Renascença italiana. As obras desse grande artista, ao lado de outros, como Leonardo da Vinci, marcaram esse importante período.

Portanto, o Renascimento marcou a passagem da Idade Média para a Idade Moderna. Nesse novo momento, buscou-se inspiração na arte, na beleza e na cultura grega para os novos tempos, e o humanismo se destacou.

Centrado no questionamento e no raciocínio lógico, o humanismo foi um movimento de livres pensadores voltados para o conhecimento e para as ciências, os quais viam na filosofia grega uma de suas principais inspirações. Nesse contexto, deu-se um acentuado declínio do poder da nobreza, e a burguesia crescente tomou espaço, impondo mudanças sociais e econômicas que se estenderam a quase toda a Europa. O livre comércio e o surgimento dos Estados nacionais promoveram a ascensão de pensadores que questionavam a autoridade religiosa e o domínio da Igreja. Com esse novo modo de pensar, ocorreu uma retomada da cultura antiga por meio de obras literárias, objetos e coleções da Antiguidade Clássica.

Com a invenção da imprensa por Johannes Gutenberg, propiciada pela criação da máquina de tipos móveis, teve início uma grande produção e difusão do conhecimento por meio de livros, os quais deixaram de ser feitos de forma artesanal e passaram a ser produzidos mecanicamente, em larga escala. Esse novo panorama permitiu um florescimento cultural jamais visto em todo o período medieval. A multiplicação das obras filosóficas e a circulação de novas ideias deram vigor renovado à produção cultural. Esse conhecimento irradiou da Itália e fluiu para os grandes centros urbanos, atingindo toda a Europa e, depois, o mundo todo. As obras literárias, de poucas cópias manuscritas, puderam ser produzidas e disponibilizadas de um modo nunca antes visto.

A circulação de novas ideias provocada pela criação da imprensa levou a um rompimento definitivo com a antiga visão medieval, fazendo com que a Europa passasse a experimentar uma nova forma de percepção. O racionalismo se colocou como fonte de questionamento das antigas verdades impostas pela tradição notadamente religiosa daquele período. A partir desse momento, as proposições passaram a ser testadas pela mente humana e avaliadas segundo o raciocínio humanista, e não mais pela tradição, fortemente influenciada pela religião medieval.

Com o Renascimento, obras de arte e objetos antigos passaram a ser colecionados em grandes centros urbanos e até mesmo em localidades mais afastadas. Funari e Pelegrini (2006) explicam que esse fenômeno deu origem ao que se denominou *antiquariado*, que consistia na iniciativa de muitos humanistas em coletar e catalogar objetos antigos, como moedas, inscrições em pedra, estátuas de metal e mármore, bem como vasos cerâmicos e demais objetos considerados raros.

Conforme atesta Momigliano (2004), os antiquários estavam preocupados em conhecer o passado por meio de objetos antigos e, muitas vezes, manifestavam suas opções voltadas a posicionamentos religiosos e políticos. No entanto, a maioria "via a antiguidade como modelo de arte, arquitetura e festivais, e admiravam as leis e as instituições romanas" (Momigliano, 2004, p. 107). Trata-se de uma forma de descobrir as antigas tradições e as origens de antepassados longínquos, não por meio da história escrita dos historiadores, como Heródoto, mas pela observação de objetos antigos, moedas e demais artefatos, vistos como materializações do passado remoto, que não mais se caracterizava por narrativas, mas que podia ser passível de verificação, de averiguação. Eram objetos que tinham vencido o tempo e testemunhado eventos ocorridos em épocas distantes, sem estarem vinculados a narrativas políticas ou religiosas, isto é, eles "falavam por si mesmos" como testemunhas de passados longínquos.

Tal processo de coletar e catalogar objetos se difundiu por toda a Europa, fato que provocou o rompimento do colecionismo exclusivo da aristocracia privada. Assim, essa atividade passou a ser algo mais comum e popular. Conforme Funari e Pelegrini (2006), para alguns estudiosos, o patrimônio moderno teve origem na prática do antiquariado, que, aliás, não se extinguiu, mantendo-se até hoje como atividade de colecionar e comercializar objetos antigos e raridades.

1.4.2 A preservação do patrimônio cultural e a formação dos Estados nacionais

Em geral, a maioria dos historiadores dá grande importância à formação dos Estados nacionais europeus como fator preponderante para a construção do conceito de patrimônio de valor histórico e cultural. O surgimento desses Estados como os conhecemos deu-se a partir do século XVIII. Um dos marcos desse período foi a Revolução Francesa, de 1789, e foi nesse contexto que surgiu o conceito moderno de patrimônio, de acordo com Choay (2014), Fonseca (2005) e Funari e Pelegrini (2006), entre outros autores.

Até então, a Europa não se constituía nas modernas nações que atualmente existem. Pelo contrário, em muitos aspectos faltava unidade. O modelo medieval era pautado pela nobreza, responsável pela proteção do reinado, que impedia possíveis invasões bárbaras ou estrangeiras; pelo campesinato, que trabalhava nas terras de seus senhores cultivando o alimento, produzindo para eles e para a própria subsistência; pelo clero, que tinha forte influência e detinha grande poder temporal. O rei governava com o aval e a bênção da Igreja, sendo reconhecido por ela como legítimo detentor do poder por direito divino.

Os súditos desses reinos nem sempre falavam a mesma língua ou tinham as mesmas tradições. Não havia, também, unidade nas relações comerciais, uma vez que cada reino estabelecia os próprios tributos em seus territórios, o que dificultava as relações comerciais e encarecia as transações financeiras, incomodando a burguesia crescente da época, que se enriquecia praticando o comércio por todo o território europeu. Ainda, as cidades medievais contavam com estrutura e governo próprios, sendo polos de desenvolvimento e produção do conhecimento. Os Estados nacionais surgiram em razão da grande tensão advinda dessas instabilidades, marcadas por pressões sociais, políticas e econômicas, em um mundo em transformação.

A Revolução Francesa, de 1789, marcou o rompimento com essa antiga e ultrapassada forma de estrutura social presente na Europa durante o período medieval. Esse levante foi o precursor de outros Estados nacionais que surgiram posteriormente no território europeu. Na França, até aquele período, não existia uma homogeneidade linguística entre os súditos, e o reino estava dividido entre francos, germânicos, romanos e outros de origens distintas (Funari; Pelegrini, 2006). A monarquia absolutista satisfazia-se com a cobrança de pesados impostos. Havia a cobrança da talha ao camponês, que devia entregar parte da produção de suas terras para o senhor feudal, e a captação, outro tipo de imposto, exigida dos plebeus. Tais impostos variavam conforme o grupo social e a região. Em geral, o clero e a nobreza gozavam de privilégios e isenções tributárias, enquanto a classe de servos e vassalos sofria com a escassez de alimentos e a fome. Toda essa situação acabou provocando uma grande convulsão social, que culminou com a deposição da monarquia absolutista, acarretando a execução do monarca e a instituição de uma nova forma de governo. Assim, instaurou-se a República francesa e, nela, a separação dos poderes. A revolução deixou como legado de sua história a luta pelos direitos humanos e pelas liberdades individuais.

Nesse novo momento da história da França, viu-se a necessidade de unificar a nação. Para tanto, procurou-se recorrer a vários meios de gerar um senso de identidade entre os cidadãos, que agora faziam parte de uma nação com *status* republicano. Abandonou-se de vez a velha monarquia, com sua estrutura aristocrática arcaica, pautada nos privilégios e na desigualdade, para se assumir um novo modelo de Estado, influenciado pelos ideais iluministas e pelo capitalismo moderno, que já florescia em países como a Inglaterra.

Funari e Pelegrini (2006) lembram que, para assumir esse novo momento histórico, a recém-formada República francesa precisava criar na totalidade dos cidadãos valores e costumes que lhes fossem comuns, compartilhando uma origem mútua e capaz de garantir sustentação ao cidadão francês para expressar suas experiências, identidades e sensos de cidadania. Nesse sentido, a escola foi um importante veículo utilizado para difundir o francês, língua instituída como idioma oficial e de caráter nacional, anteriormente falado apenas pela elite, que era composta por uma parcela mínima da população. Daquele momento em diante, o francês passaria a ser o idioma comum a todos os cidadãos.

Os Estados nacionais modernos foram criados com as características do Estado francês. Nesse caso, houve uma ruptura com as antigas estruturas do passado e a invenção "de um conjunto de cidadãos que deveriam compartilhar uma língua e uma cultura, uma origem e um território" (Funari; Pelegrini, 2006, p. 16). A invenção do Estado nacional precisava ser introjetada na mente de cada indivíduo. Portanto, houve, da parte do Estado, uma série de medidas deliberadamente adotadas a fim de que isso ocorresse. As políticas educacionais representaram uma maneira de doutrinação e formação desses cidadãos, que desde a infância aprendiam a constituir-se como parte do Estado, nutrindo um sentimento de pertencimento e identidade nacional.

Ao discorrer sobre o surgimento dos Estados nacionais, Benedict Anderson (2008) identifica a **nação** como uma comunidade política imaginada, sendo intrinsecamente limitada e soberana. É **imaginada** porque mesmo os cidadãos da menor nação, ainda que não se conheçam mutuamente, carregam consigo um elo de profunda e viva ligação entre si. É também imaginada em sua **limitação**, já que mesmo a maior das nações tem fronteiras determinadas e finitas que as distinguem de outras nações. É, ainda, imaginada em sua **soberania**, pois tal conceito surgiu no período iluminista e na Revolução Francesa, época na qual os conceitos de reinado em dinastias hierárquicas por direito divino, legitimado pela Igreja, estavam sendo questionados ou, mesmo, destruídos. Por fim, Anderson (2008) acrescenta que se trata de um conceito imaginado como uma **comunidade nacional**, de um modo tão intenso que os cidadãos dessas nações estavam dispostos a matar ou morrer por essa criação fictícia, imaginada, o que equivale a dizer *inventada*.

Com relação à preservação do patrimônio cultural, o caso da França se mostra relevante pois, a fim de se efetivar a unificação desse Estado, ocorreu uma verdadeira invenção de monumentos a serem identificados como nacionais, percebidos como comuns a todos os cidadãos. Esse cenário produziu um sentimento de profunda nacionalidade. O termo *monumento* deve ser entendido como um legado à memória coletiva, um sinal do passado (Le Goff, 1990), referindo-se a todo e qualquer objeto que, pelo ato de sua preservação, concorra para o objetivo de perpetuar uma visão, uma interpretação, uma memória de um passado comum.

Isso é relevante porque a ideia de identidade tem raízes na relação do indivíduo com seu passado, no que diz respeito àquilo que o conecta à sua ancestralidade. Da mesma forma, como sugere Gonçalves (1988), a ideia de identidade de uma nação também pode ser definida por meio de seus monumentos, sendo estes o conjunto de bens vinculados ao passado nacional. Assim, evoca-se o passado da nação mediante esses mesmos monumentos, garantindo-se a perpetuidade da identidade nacional, que se eterniza, e vencendo-se a transitoriedade temporal (Gonçalves, 1988). A posse do patrimônio cultural nacional se torna, pois, um importante mecanismo de identidade da população, principalmente porque, por meio dele, narra-se a trajetória dos acontecimentos com os quais se escreve a história, ligando o passado e seus eventos ao presente. Tais monumentos, objetos e relíquias são materialmente testemunhas de tempos pretéritos, dos acontecimentos que servem como testemunhas das narrativas construídas no decorrer dos acontecimentos e que dão sentido e identidade a cada indivíduo e à coletividade que compõe a nação.

Françoise Choay (2014) destaca que, na França, um dos primeiros atos jurídicos realizados pela Constituinte de 1789 foi colocar os bens do clero à disposição da nação francesa, bem como os bens da Coroa. O valor inicial desses tesouros para a nação recém-formada tinha um cunho econômico. No entanto, muitas dessas riquezas necessitavam ser preservadas como monumentos nacionais. Esse foi o caso dos bens imóveis, retratados como de valor nacional, como a Biblioteca Nacional, os palácios, as igrejas, os castelos e outros edifícios simbolicamente importantes para a identidade nacional francesa. Para fazer um inventário de bens tão grande, foi criada a Comissão dos Monumentos. Os bens móveis foram então catalogados, separados em depósitos provisórios e, portanto, protegidos. Já os edifícios, bens imóveis, foram resguardados com a colocação de selos. Os bens móveis posteriormente foram transferidos dos depósitos provisórios para depósitos abertos ao público, constituindo-se assim em museus. Para a Comissão das Artes (1793), criada para administrar os bens confiscados, com a dissolução da Comissão de Monumentos, esses bens "passaram a ter também um valor como documentos da nação, e se converteram em objeto de interesse não apenas cultural como também político" (Fonseca, 2005, p. 58).

Tais museus tinham, dessa forma, a função de servir para a instrução da nação recém-formada. Havia neles obras de arte, bem como máquinas e outros objetos de significativa importância. A tarefa desses museus era o ensino do civismo, da história e de conhecimentos técnicos e artísticos. Por sua vez, os bens imóveis que tinham perdido sua função original foram destinados a outros usos – por exemplo, foram convertidos em museus, igrejas ou em outros espaços de uso coletivo. Os que estivessem deteriorados em sua estrutura eram transformados em depósitos de munições e de pólvora. Além disso, muitos conventos e abadias foram convertidos em prisões (Choay, 2014).

Choay (2014) ainda lembra que Guizot, grande intelectual e proeminente político francês, que se tornou primeiro-ministro da França entre 1847 e 1848, chegou a afirmar que o solo da França era simbolizado por seus monumentos. Foi com a criação do cargo de inspetor dos monumentos históricos, proposto pelo próprio Guizot, que em 1830 ocorreu de fato a institucionalização da atividade de preservação como ação do aparelho estatal francês, pois nesse momento se criou um cargo específico dentro do Estado com a responsabilidade de gerir o grande número de itens apropriados pelo Estado francês e que deveriam ser inventariados, classificados e protegidos.

Resta observar que, em virtude do chamado "vandalismo" provocado pelos revolucionários franceses e por conta da grande parcela da população envolvida na revolta, cujo desejo era apagar a memória e os símbolos que pertenciam às antigas classes dominantes, representadas pela nobreza e pelo clero, foram destruídos muitos edifícios medievais e ocorreu uma verdadeira dilapidação de obras de arte. Desse modo, tornou-se imperioso que o Estado impusesse leis, com normas e punições, a fim de preservar os monumentos históricos que se configurariam a partir de então como importantes símbolos de representação do Estado nacional francês.

O Museu do Louvre (Figura 1.4) foi criado como parte desse fenômeno, tendo sido fundado com o propósito guardar os tesouros artísticos que antes pertenciam à realeza e à Igreja. Napoleão, em suas incursões pela Europa, ampliou as coleções desse museu, levando para a França, como troféus de conquista, importantes coleções e obras, principalmente advindas de Roma (Chuva, 2017).

Figura 1.4 – Museu do Louvre

Fonseca (2005) elenca várias razões que justificam a importância do patrimônio cultural como fator de identidade nacional no que diz respeito a suas funções simbólicas de representação. Entre tais razões estão:

- o reforço da noção de *cidadania*, pois os bens que deixaram de pertencer às pessoas em particular passaram a ser de posse do Estado nacional e de todos os cidadãos, sendo o Estado o responsável por manter e gerir tais bens;
- a visibilidade da presença do Estado por meio de monumentos, como símbolos temporais e espaciais, juntamente com outras representações e emblemas desse mesmo Estado, tais como bandeiras, hinos, calendários cívicos, obras de arte e outras representações;
- a construção de uma versão da história nacional mediante a pluralidade de bens patrimoniais como documentos oficiais, como prova e registro de narrativas que justificam o território ocupado pela nação e a legitimação do poder estatal ali presente;
- o fato de que o custo econômico para a restauração, conservação e manutenção desses monumentos se mostrou justificado, pois se tratava de um projeto pedagógico de formação e instrução do cidadão, que, por intermédio de tais monumentos, reconhecia-se como pertencente ao Estado, como cidadão nacional (Fonseca, 2005).

Como afirmamos anteriormente, a valorização do patrimônio cultural como importante fator de unificação e de criação de identidade dos Estados nacionais repercutiu não apenas na França, mas também em vários outros Estados europeus, como Espanha, Itália, Inglaterra e Portugal. O fator político ideológico encontrou nesses monumentos ingredientes importantes e necessários para promover a identidade nacional, um fator de aglutinação dos povos presentes nesses territórios tão diversificados quanto a aspectos como origem, cultura, língua e costumes. Esses povos até então guardavam resquícios de uma herança medieval, fortemente marcada pelas tradições, sob a influência religiosa da Igreja e do poder da nobreza.

Ainda que a valorização dos monumentos como patrimônio cultural nacional tenha permanecido desde a Revolução Francesa até o século XIX como fruto do Iluminismo e do nacionalismo, Fonseca (2005) assinala que, com o advento da Revolução Industrial e com o romantismo, novas significações surgiram. A Revolução Industrial, desencadeada na Inglaterra a partir da segunda metade do século XVIII, trouxe consigo as inovações da indústria e a produção em larga escala, provocando um rompimento com o modo de produção artesanal e com o estilo de vida até então vigente. Já o romantismo, gerado pelo mesmo rompimento, abriu espaço para uma nova maneira de se entender a vida, dando lugar à sensibilidade e à introspecção, privilegiando o sujeito no que diz respeito à sua percepção em relação ao mundo à sua volta.

Com a forte influência sentida pelo movimento romântico, ocorreu um distanciamento em relação à valorização dos monumentos do passado da forma como eram vistos pelos iluministas, como modelos de uma cultura a ser resgatada, revivida, na condição de documentos, registros de civilizações etc. O romantismo considerava que os monumentos estavam sujeitos à sua própria deterioração e extinção no ciclo natural do tempo, pois, no imaginário romântico, enalteciam-se a beleza das ruínas e as marcas do tempo. Isso fica bem evidente nas obras de arte produzidas em tal período, nas quais os monumentos se apresentam de modo pitoresco em meio a paisagens e jardins ornamentados. A pintura desses monumentos suscitava um ar melancólico, voltado às paixões típicas do movimento romântico.

No entanto, a ênfase na preservação de bens culturais como instrumento catalisador de esforços a fim de cultivar o nacionalismo acirrou-se com o advento das duas grandes guerras que assolaram o mundo. Como exemplo desse patriotismo exacerbado, Funari e Pelegrini (2006) citam a atitude dos italianos, que usaram como símbolo de poder a figura do feixe, outrora pertencente ao Império Romano que os antecedeu, do qual derivou o nome do movimento nacionalista italiano, conhecido como *fascismo*. Outro exemplo mencionado pelos autores diz respeito ao nazismo alemão, que alegava, como pretexto para invadir nações vizinhas (como a Polônia), ter encontrado vestígios dos povos germanos em suas terras, dos quais afirmavam terem se originado.

Novos tempos marcaram a humanidade após os horrores das duas grandes guerras mundiais e de toda a destruição causada por elas. Em 1945, foram criadas a Organização das Nações Unidas (ONU) e a Organização das Nações Unidas para a Educação, a Ciência e a Cultura (Unesco), como uma iniciativa necessária para promover a união entre os povos e evitar que novos conflitos de impacto mundial ameaçassem a frágil estabilidade conquistada. O pós-guerra marcou o declínio do nacionalismo e do imperialismo das grandes potências da época e a ascensão de novos valores, como os direitos civis, a emancipação feminina, a denúncia contra o racismo, o reconhecimento das diversidades, bem como os direitos das minorias. Tratava-se de um novo momento da humanidade, com a denúncia contra o antissemitismo e contra o imperialismo que oprimira nações africanas e asiáticas. Inúmeros movimentos sociais se levantaram em defesa da liberdade e dos direitos civis e humanos.

A partir daquele momento, com a luta pelos direitos humanos, a tendência de as nações se apropriarem dos bens culturais e os controlarem como forma de legitimar o nacionalismo foi perdendo paulatinamente sua força, dando lugar a outros atores sociais e propiciando a criação dos direitos sociais, econômicos e culturais. Tais direitos foram positivados pela Declaração Universal dos Direitos Humanos, proclamada pela Assembleia Geral das Nações Unidas em 10 de dezembro de 1948. Esse documento representou um marco na luta pela igualdade de direitos entre as pessoas, independentemente de raça, cor, língua, nacionalidade, *status* econômico ou social.

A nova perspectiva acerca da conquista de direitos alterou o entendimento sobre os direitos culturais, permitindo que novos agentes sociais viessem a concorrer e influenciar os valores culturais e artísticos. Assim, os bens culturais deixaram de ser utilizados apenas como forma de legitimar o nacionalismo ou mesmo como monopólio das elites econômicas ou intelectuais, passando a se constituir em bens universais, pertencentes às culturas de todos os povos. Em 1972, a Unesco consolidou esses valores, declarando em convenção a universalidade desses bens, que abarcam desde obras arquitetônicas, esculturas, pinturas e vestígios arqueológicos até monumentos naturais, formações geológicas e mesmo sítios naturais (Iphan, 2002b).

Em 2003, a Unesco novamente inovou ao reconhecer o patrimônio cultural em sua imaterialidade, podendo este ser constituído como "práticas, representações, expressões, conhecimentos e técnicas" (Unesco, citada por Iphan, 2022b). Dessa forma, toda produção humana passou a ser reconhecida como patrimônio cultural, tanto na esfera material como na imaterial, havendo, assim, uma considerável ampliação desse conceito.

Síntese

Neste capítulo, explicamos o que vem a ser patrimônio cultural. Mostramos que esse conceito foi desenvolvido com o passar dos séculos, e o entendimento do que são patrimônio e cultura nos auxilia muito para ter uma compreensão geral acerca dessa temática. Também abordamos os conceitos de patrimônio cultural material e imaterial. Em sua materialidade, temos as construções, os edifícios, as esculturas, as obras de arte, as ferramentas e todos os demais objetos construídos pelas habilidades humanas. Já o patrimônio imaterial compreende o conhecimento humano relativo ao saber fazer, o que inclui técnicas, habilidades, tradições, lendas, músicas e tudo o que é transmitido por gerações. Ainda, apresentamos o conceito de patrimônio coletivo, que se refere à produção humana que tem valor não apenas para indivíduos, mas para toda a sociedade em geral e que, em razão de sua importância, deve ser objeto de preservação.

Vimos que a consolidação da noção se desenvolveu no decorrer dos anos e que o Iluminismo representou um momento muito importante para isso, em virtude da valorização de obras de arte, esculturas e objetos antigos. Nesse contexto, desenvolveu-se o conceito de antiquário. Contudo, a formação dos Estados nacionais foi o momento em que o conceito de patrimônio cultural se consolidou, ainda que proveniente de um pressuposto nacionalista, por meio do qual o Estado buscava formas de unir a população em torno de uma identidade que a firmasse como nação soberana.

Com as duas grandes guerras mundiais e a criação da ONU, houve um novo momento na história, no qual se prezou pela valorização da pessoa humana em sua dignidade, com direitos sociais e civis resguardados. Foi a partir desse momento que se sedimentou um conceito de patrimônio cultural mais abrangente, não mais ligado ao poder político estatal ou mesmo elitista, mas voltado para a população em geral, com vistas a promover o devido respeito às várias culturas, povos e etnias, em um mundo que aos poucos foi sofrendo os efeitos da globalização.

Atividades de autoavaliação

1. Considerando o contexto da Antiguidade romana, a que se referia a palavra *patrimônio* (do latim *patrimonium*)?
    a) Ao conjunto de bens que pertenciam ao pai e à mãe de família e que, consequentemente, poderiam ser transmitidos por herança aos descendentes do casal.
    b) Ao conjunto de bens que pertenciam aos ancestrais da família e que não poderiam ser transmitidos por herança aos descendentes.
    c) Ao conjunto de bens que pertenciam ao pai de família e que, consequentemente, poderiam ser transmitidos por herança aos seus descendentes.
    d) Ao conjunto de bens móveis e imóveis que pertenciam aos filhos e às filhas menores do casal e que ficavam sob a responsabilidade dos pais até que estes alcançassem a maioridade.
    e) Ao conjunto de bens que pertenciam ao pai de família e que não poderiam ser transmitidos por herança aos seus descendentes, pois pertenciam ao Estado, segundo a lei romana.

2. Conforme estudamos neste capítulo, de que modo Vogt (2008, p. 14) define o conceito de patrimônio cultural?
    a) O conjunto de bens materiais, que, por conta de seu valor intrínseco, são considerados de interesse e de relevância para a permanência e a identificação da cultura da humanidade, de uma nação, de um grupo étnico ou de um grupo social específico.
    b) O conjunto de todos os bens econômicos e sociais, que, em virtude de seu valor intrínseco, são considerados de interesse e de relevância para a permanência e a identificação da cultura da humanidade, de uma nação, de um grupo étnico ou de um grupo social específico.
    c) O conjunto de todos os bens materiais ou imateriais, que, pelo seu valor intrínseco, são considerados de interesse e de relevância para a permanência e a identificação da cultura da humanidade, de uma nação, de um grupo étnico ou de um grupo social específico.
    d) O conjunto de todos os bens imateriais, que, pelo seu valor intrínseco, são considerados de interesse e de relevância para a permanência e a identificação da cultura da humanidade, de uma nação, de um grupo étnico ou de um grupo social específico.
    e) O conjunto de todos os bens materiais ou imateriais, que, pelo seu valor intrínseco, não são considerados de interesse e de relevância para a permanência e a identificação da cultura da humanidade, de uma nação, de um grupo étnico ou de um grupo social específico.

3. Pollak (1989) acentua que a memória comum, ou memória coletiva, exerce ao menos duas funções essenciais, quando relacionadas aos Estados. Quais são elas?
    a) Manter a coesão externa e defender as fronteiras daquilo que um grupo tem em comum, em que se inclui o território (no caso do Estado).
    b) Desconstruir qualquer tipo de coesão para defender as fronteiras daquilo que um grupo tem em comum, em que se inclui o território (no caso do Estado).
    c) Manter a coesão interna e defender as fronteiras daquilo que um grupo tem em comum, exceto rituais e crenças.

d) Manter a coesão interna e defender as fronteiras daquilo que um grupo tem em comum, em que se inclui o território (no caso de estados e municípios).

e) Manter a coesão interna e defender as fronteiras daquilo que um grupo tem em comum, em que se inclui o território (no caso do Estado).

4. De acordo com o Instituto do Patrimônio Histórico e Artístico Nacional (Iphan), a que se referem os bens culturais de natureza imaterial?

a) A práticas e domínios da vida social que se manifestam em saberes, ofícios e modos de fazer; celebrações; formas de expressão cênicas, plásticas, musicais ou lúdicas; e nos lugares (como mercados, feiras e santuários que abrigam práticas culturais coletivas).

b) A práticas e domínios da vida social que se manifestam em saberes, ofícios e modos de fazer; celebrações; formas de expressão cênicas, plásticas, musicais ou lúdicas; e nos lugares (como matas, florestas e santuários que abrigam animais exóticos).

c) A práticas e domínios da vida individual que se manifestam em saberes, ofícios e modos de fazer; celebrações; formas de expressão cênicas, plásticas, musicais ou lúdicas; e em lugares remotos e escavações arqueológicas.

d) A práticas e domínios da vida social, política e econômica que se manifestam em saberes, ofícios e modos de fazer; celebrações; formas de expressão cênicas, plásticas, musicais ou lúdicas; e em lugares de memória (como mercados, feiras e santuários que abrigam práticas culturais coletivas).

e) A práticas e domínios da vida social que se manifestam em saberes, ofícios e oficinas; celebrações e casamentos; formas de expressão cênicas, garrafas plásticas, peças musicais ou lúdicas; e em lugares (como mercados, feiras e santuários que abrigam práticas culturais individuais e coletivas).

5. Conforme argumentam Funari e Pelegrini (2006), os Estados nacionais modernos surgiram com as características que se faziam presentes no Estado francês. Nesse caso, houve uma ruptura com as antigas estruturas do passado, assim como a invenção:

   a) de um conjunto de propriedades que deveriam ser reunidas pela nação francesa, fazendo desta uma potência mundial.
   b) de um conjunto de cidadãos que deveriam compartilhar uma língua, uma cultura, uma origem e um território.
   c) de um conjunto de nobres e da burguesia recém-criada, que compartilhavam com o povo uma mesma língua, cultura e território.
   d) de um conjunto de cidadãos que deveriam compartilhar uma língua, um dialeto, um modo de vida e um mesmo espaço naval.
   e) de um conjunto de cidadãos que deveriam compartilhar uma língua, uma cultura, uma origem e um território comum com outras nações que tinham os mesmos ideais.

Atividades de aprendizagem

Questões para reflexão

1. No estudo deste capítulo, comentamos que a distinção entre patrimônio cultural material e patrimônio cultural imaterial é bastante recente e surgiu em um contexto no qual se deu a percepção de que a produção humana poderia resultar em duas grandes vertentes: uma vinculada à materialidade das coisas e outra ligada àquilo que não se pode tocar, embora possa ser percebido. Tendo isso em vista, procure

elencar cinco bens que poderiam ser classificados como patrimônio cultural material e outros cinco bens identificados como patrimônio cultural imaterial.

2. Como vimos neste capítulo, a maioria dos historiadores confere à formação dos Estados nacionais europeus o caráter de fator preponderante para a construção do conceito de patrimônio de valor histórico e cultural. Diante disso, reflita sobre a seguinte questão: Por que a Revolução Francesa foi tão importante nesse contexto?

Atividade aplicada: prática

1. Imagine que você fará uma viagem pelo mundo e deseja montar um álbum com fotografias dos principais pontos turísticos dos países que visitará. Quais fotos você tiraria em países como França, Inglaterra, Itália, Egito, Estados Unidos, Grécia e China, por exemplo? Esses pontos turísticos são bens ou monumentos reconhecidos como pertencentes ao patrimônio histórico, artístico e cultural dessas nações? Você saberia dizer por que são tão importantes? Produza um breve texto expondo suas considerações a respeito das perguntas levantadas.

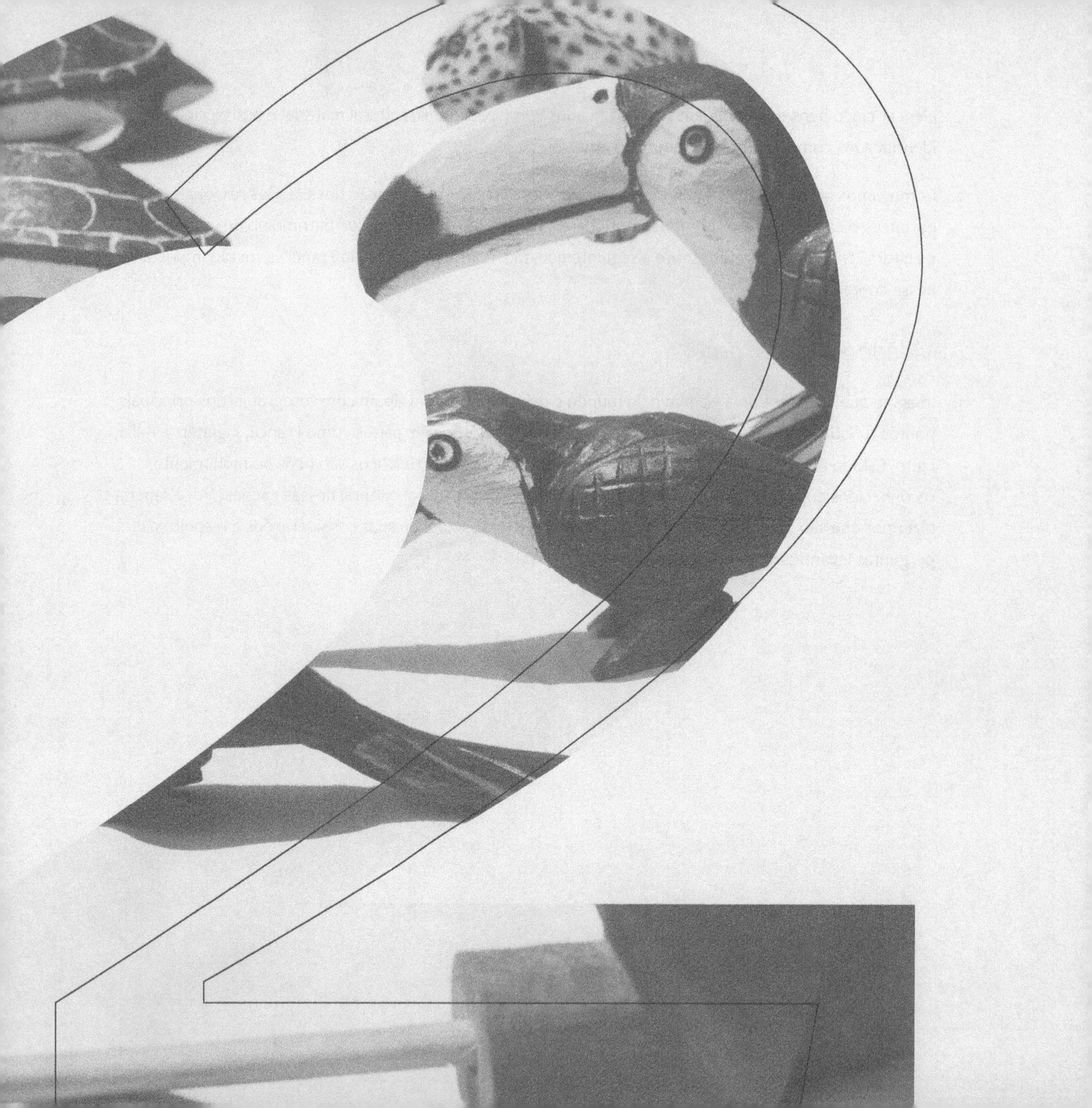
2

A história da arte no Brasil

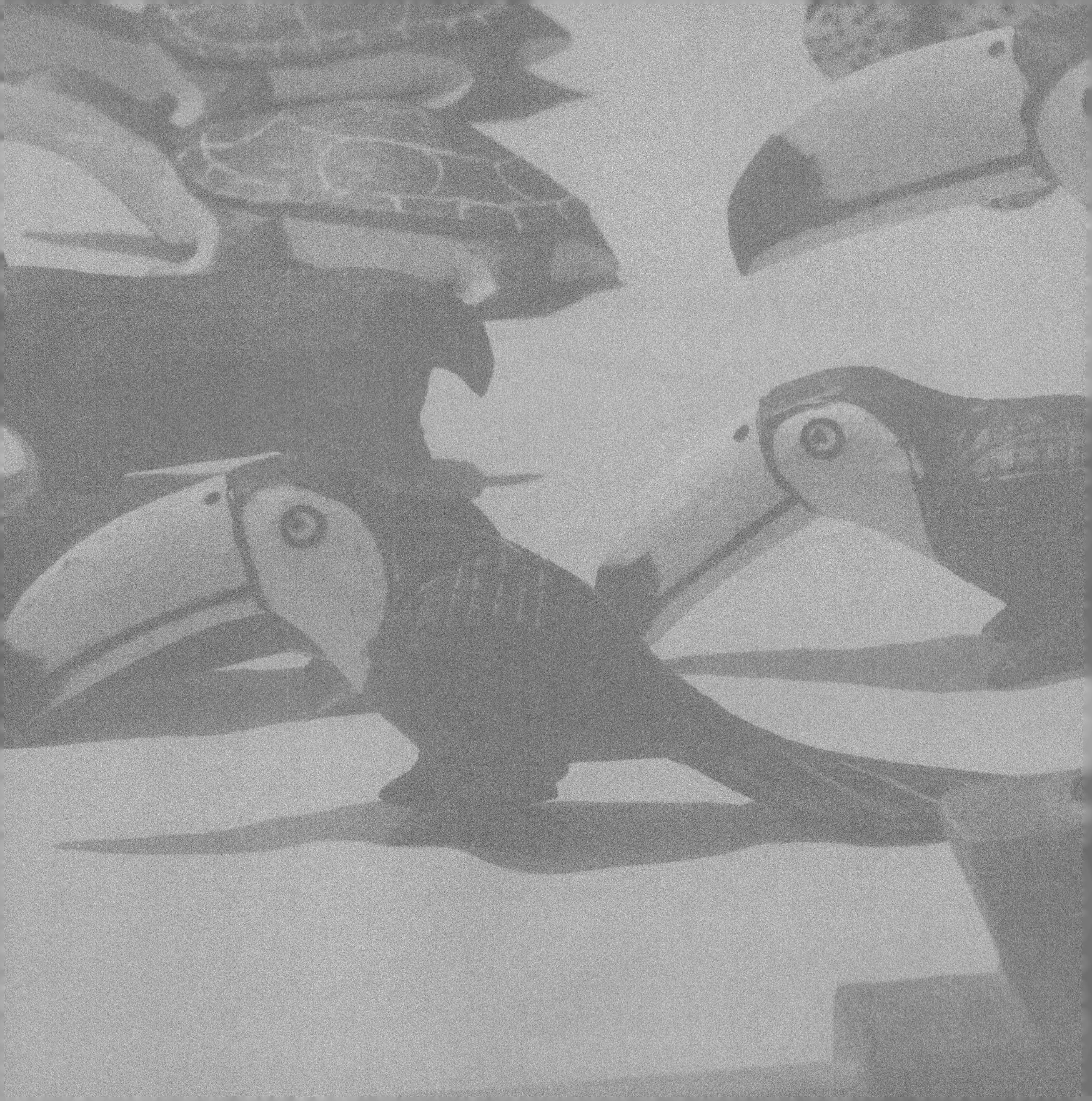

Até este ponto, vimos o que é patrimônio cultural e como se deu o desenvolvimento histórico desse conceito, desde seus primórdios até o início deste século, percurso ao longo do qual adquiriu um significado bem mais amplo do que tinha inicialmente. Neste capítulo, voltaremos nossa atenção ao contexto nacional e ao desenvolvimento da arte no Brasil. Vale lembrar que o patrimônio cultural abrange a produção humana em seus vários aspectos (até monumentos e edificações), estando ainda relacionado aos elementos da natureza, como monumentos naturais, formações geológicas, sítios naturais e outros. Tal conceito se ampliou ainda mais, como mencionamos anteriormente, ao ser definido pela Organização das Nações Unidas para a Educação, a Ciência e a Cultura (Unesco) em seu aspecto imaterial, contemplando tradições, técnicas, músicas, lendas e demais manifestações da cultura humana.

O patrimônio cultural brasileiro está vinculado a toda a produção histórica e artística encontrada em território nacional em diferentes épocas e regiões. Para possibilitar um entendimento maior sobre esse assunto, vamos analisar tais manifestações por períodos e, também, considerar a grande variedade artística de cada região do país, assim como suas diferentes manifestações culturais.

2.1 Arte rupestre e arte indígena brasileira

Antes da chegada dos primeiros europeus a terras brasileiras, no período das Grandes Navegações, que tiveram início no século XV, povos que aqui viviam registraram a marca de suas tradições culturais por meio de pinturas, artefatos e objetos que ainda hoje são encontrados nos sítios arqueológicos descobertos em várias regiões do país. Seus sucessores, os povos indígenas, que entraram em confronto direto com os invasores europeus, também deixaram seu legado e vivem em nosso meio até hoje, com características e formas de vida que lhes são próprias. Na sequência, vamos nos concentrar nesses povos e em suas manifestações artísticas e culturais.

2.1.1 Arte rupestre

A mais antiga expressão artística realizada pelo homem de que se tem notícia é aquela encontrada nas paredes das cavernas ou grutas: trata-se da chamada *arte parietal* (nas paredes). Essa manifestação artística derivou da arte rupestre, a qual também é encontrada em rochas fora das cavernas ou grutas.

A arte rupestre pode ser vista em gravuras ou pinturas. As primeiras consistem no picoteamento (o martelar da parede em uma pedra) ou na incisão nas paredes das rochas. As pinturas, por sua vez, eram aplicadas na pedra com pigmentos, carvão ou outros elementos. Ambas as técnicas, de picoteamento e de pintura, podiam ser utilizadas concomitantemente. Porém, em sítios a céu aberto, a pintura poderia vir a desaparecer, por conta das intempéries do tempo, o que faria restar apenas os sulcos gravados nas rochas. É comum encontrarmos desenhos feitos com essas técnicas que retratam figuras de animais e seres humanos, normalmente relacionados a situações do cotidiano e a momentos de caçadas, assim como figuras geométricas ou abstratas.

Além das manifestações gráficas realizadas nas paredes das cavernas, esses povos também recorriam a uma enorme variedade de ferramentas, como machados, facas, anzóis, pingentes de conchas, entre outros objetos de adorno ou religiosos. Os materiais empregados para a confecção dessas ferramentas eram comuns, como pedras, ossos e chifres de animais. Para fazer as pinturas rupestres, normalmente, como tinta, utilizavam-se a argila, o sangue de animais ou, ainda, pigmentos minerais (óxido de ferro) ou de plantas (urucum, jenipapo, carvão).

Como afirmam os estudiosos, não estamos querendo dizer que a pintura realizada no interior dessas cavernas tinha meramente uma função decorativa, como as pinturas que fazemos hoje em dia, por exemplo. Pelo contrário, em muitos casos, elas carregavam em si motivos religiosos ou informativos. Ainda, poderia haver a crença em uma relação mágica entre os desenhos pintados nas paredes das cavernas e a realidade das caçadas durante o dia. É como se, ao desenharem tais representações, os caçadores daquela época adquirissem poder para dominar suas presas quando as caçadas aconteciam.

A esse respeito, Meneses (1983) argumenta que devemos evitar conceitos errôneos em relação a inscrições, objetos e outros vestígios deixados pelas culturas anteriores à chegada dos primeiros europeus a terras brasileiras. Isso se justifica pelo fato de ser comum classificar tais achados como se esses registros ou objetos fossem obras artísticas no conceito moderno. Outra avaliação inadequada consiste em atribuir a determinado objeto apenas uma classificação de uso ou significado para determinada cultura, como se tal objeto fosse de uso cotidiano, ao passo que outro tivesse seu uso configurado apenas como ornamento ou adorno ou, ainda, de caráter somente religioso. Um machado, por exemplo, tanto poderia ter seu uso comum como ferramenta agrícola quanto poderia ser utilizado em um contexto religioso ao ser encontrado em uma urna funerária – como uma oferta, por exemplo. Na realidade, faz-se necessário compreender o contexto em que tais objetos foram achados, para então entender melhor seu uso e significado (ainda que possam ser significados variados) (Meneses, 1983).

No Brasil, por conta de questões topográficas e da presença de materiais calcários (arenito e quartzo), a maior parte das artes rupestres é encontrada nas regiões Centro-Oeste e Nordeste. Tais artes estão presentes em grutas e abrigos utilizados por grupos humanos há centenas de anos. Também podem ser observadas artes rupestres na região amazônica e no sul do Brasil. Desde o Rio Grande do Sul, há sítios rupestres até a fronteira com a Venezuela, com a Colômbia e mesmo com as Guianas (Prous, 2007). Nessas regiões, podem ser localizadas aquilo que os arqueólogos chamam de **tradições**, ou seja, artes rupestres de características semelhantes, mas que não necessariamente foram produzidas por grupos da mesma etnia e que compartilhavam de um mesmo idioma (Prous, 2007).

Nesse contexto, podemos mencionar a arte rupestre localizada no sul do Brasil, com a Tradição Meridional de Pisadas, onde estão gravados rastros de aves, animais selvagens e humanos. Também nessa mesma região há a Tradição do Litoral, encontrada em Santa Catarina, que se refere a painéis verticais presentes em ilhas espalhadas pelo litoral e nas praias. Ali se observam figuras geométricas registradas em painéis de pedra. Na região central do Brasil e no Nordeste, há pinturas e gravuras pitorescas pintadas em painéis: no Estado de Minas Gerais, nas regiões de Arcos e Parins, bem como em Lagoa Santa e Montalvânia. A Tradição Planalto está presente desde o norte do Paraná até o Estado de Tocantins. Nessa região, predominam figuras de animais, peixes e aves. Existe, ainda, a Tradição São Francisco, com figuras geométricas espalhadas ao longo do rio que leva o mesmo nome. A Tradição Nordeste se caracteriza por uma grande quantidade de figuras humanas e se estende do sul do Piauí ao Mato Grosso, chegando até os Andes. Por fim, a Tradição Agreste, no sertão nordestino, retrata figuras de homens e animais, mas bastante rústicos, sem refinamento. Afora essas tradições, estão espalhadas pelo país diversas outras unidades, com inúmeros tipos de pinturas e representações (Prous, 2007).

Um dos mais importantes sítios arqueológicos do Brasil fica no Parque Nacional da Serra da Capivara, no Estado do Piauí, o qual conta com um rico acervo reconhecido pela Unesco como patrimônio cultural mundial em 1991. Além das artes rupestres vistas nas paredes das rochas, nessa região também foram localizados instrumentos cortantes como facas, raspadores e perfuradores, feitos em quartzo e quartzito. Tais utensílios, criados com pouco acabamento e logo abandonados após o uso, foram encontrados junto a estruturas de fogueiras (Guidon, 2003). Tais vestígios ajudam a compreender melhor em que época e de que modo viviam os primitivos habitantes da região, cujas marcas estão presentes em gravuras, pinturas e objetos variados como registros de épocas distantes, cada vez mais conhecidas conforme avançam as pesquisas arqueológicas.

2.1.2 Arte indígena brasileira

Para tratarmos da cultura indígena e suas manifestações estéticas, temos de considerar como o conquistador europeu, ao chegar ao continente americano, interpretou o cenário dos trópicos e o modo de vida dos nativos que aqui viviam. Para esses europeus, a história da civilização na América havia começado com a vinda dos colonizadores. A história pertencia aos brancos colonizadores, ou seja, os que aqui viviam não tinham história, apenas faziam parte da paisagem continental.

Nessa ótica, os nativos eram vistos pelos colonizadores apenas pela perspectiva da beleza exótica, e muitos objetos das culturas das quais eles faziam parte foram levados para o velho continente, a fim de satisfazer à curiosidade dos europeus. Logo, os habitantes do continente, aos olhos dos europeus, não eram desenvolvidos. Por conta disso, sob um olhar reducionista, foram genericamente denominados *índios*, como se não houvesse entre tais nativos qualquer diferença cultural, linguística ou racial (Pessis; Martin, 2014).

A verdade, no entanto, é bastante diferente. Quando os invasores chegaram à América, o continente já era habitado há muitos anos. Havia muitos povos, com distintos costumes, línguas e culturas, além de diferentes tradições. Os nativos eram detentores de saberes variados, adaptados aos diversos ecossistemas da região, e conheciam profundamente a fauna e a flora locais. Ademais, travavam guerras e trocavam saberes e técnicas entre si.

Outra importante questão relacionada à arte indígena (ou mesmo à arte rupestre, que abordamos anteriormente) tem a ver com o próprio conceito de *arte*. Na tradição indígena, não há distinção entre arte e artefato. Isso significa que não se faz uma divisão segundo a qual determinado objeto é separado para a contemplação e outro se aplica ao uso diário (Lagrou, 2009). Igualmente, não existe propriamente uma figura do artista, pois a produção de artefatos utilizados pelos nativos, ainda que estes carreguem um elevado grau de detalhes – acima do que se esperaria de um objeto apenas de uso –, faz parte da tradição de todo o grupo, e não de indivíduos em particular. Embora alguns demonstrem maior habilidade, o resultado desse saber obedece a uma tradição vinculada a toda a comunidade. Dessa forma, torna-se possível verificar as diferenças entre artefatos criados para o mesmo fim, ainda que produzidos por grupos étnicos distintos.

Essa arte comum a todos os indivíduos de uma mesma tribo cumpre três funções básicas, conforme assinalado por Darcy Ribeiro (1983). A primeira se relaciona à distinção entre a cultura do ser humano que constrói a si mesmo e aquela que pertence ao mundo dos animais, os quais apenas respondem a seus instintos. A segunda diz respeito à possibilidade de que cada indivíduo de determinada etnia se identifique como os seus iguais, diferenciando-o da etnia de outros grupos. A terceira, por sua vez, consiste em permitir que os sujeitos do grupo superem os desafios que surgem diante de tantos perigos, vivendo com prazer e alegria ante as constantes adversidades.

A confecção dos artefatos criados pelos nativos de certas etnias muitas vezes está vinculada a crenças. Ou seja, a fabricação de artefatos, o uso de técnicas e de acabamentos, bem como o modo de fazer, referem-se à representação de seu entendimento acerca de como o mundo está ordenado segundo sua cosmologia. Portanto, com frequência, aquilo que parece pouco elaborado aos olhos ocidentais está carregado de um imenso valor para determinada tribo indígena; da mesma forma, algo que parece esteticamente rico em detalhes aos olhos ocidentais pode ser de uso comum para aquela mesma tribo (Lagrou, 2009).

Além disso, a cultura indígena não pode ser reduzida à produção de potes de barro, tigelas, colares, adornos, cocares, arcos e flechas, entre outros objetos manufaturados para fins práticos, de uso cotidiano ou religioso. Essa cultura também abrange músicas, danças, rituais religiosos e crenças, isto é, aquilo a que chamaríamos de *patrimônio imaterial*. Trata-se de uma grande riqueza cultural, de uma variedade múltipla de saberes pertencente a inúmeras etnias, cada qual com a própria forma de compreender a realidade. Não existe, pois, uma única arte indígena, mas inúmeras artes indígenas, e cada uma traz em si suas peculiaridades.

Precisamos ter em mente também que a arte indígena está em contínua transformação. Desse modo, além de não ser estática, ela se modifica ao longo de anos, décadas ou mesmo séculos, conforme as condições relacionadas ao meio ambiente, à variação de recursos disponíveis e ao contato com outras culturas. A esse respeito, Ribeiro (1983) aponta que a produção lítica dos grupos indígenas praticamente desapareceu quando estes entraram em contato com os brancos europeus. A arte de polir a pedra, algo que demanda tanto esforço, tempo e dedicação, foi rapidamente substituída pelo uso das ferramentas que se tornaram acessíveis nesse contato. O fascínio e as facilidades das ferramentas feitas de ferro e aço, como machados, tesouras e pregos, disponibilizadas pelo colonizador, fizeram com que não houvesse mais necessidade de despender esse grande empenho na produção de artefatos de pedra que cumpriam as mesmas funções. Esse é um exemplo que demonstra claramente que o contato com outra cultura pode significar a modificação ou, então, o empobrecimento de técnicas, artes e habilidades (Ribeiro, 1983).

2.2 Maneirismo, barroco e rococó no Brasil

O maneirismo foi um movimento desenvolvido na Europa, assim como o barroco e o rococó. Ele marcou a fase intermediária entre dois outros grandes movimentos, o Iluminismo e o barroco. Esse período representou uma fase de ajustamento após o grande movimento iluminista, marcado pela criatividade e pela genialidade de artistas como Leonardo da Vinci e Michelangelo, além de tantos outros grandes nomes voltados ao conhecimento e à filosofia.

Até então, no Iluminismo, a genialidade configurou a marca que despontou entre os maiores nomes. Já o **maneirismo** representou uma fase de acomodação, em que as academias começaram a organizar as técnicas e as regras da arquitetura e da arte. Dessa forma, no maneirismo, vivenciou-se uma relação de conflito entre obedecer às normas até então vigentes e enfrentar o desafio de superá-las. Nesse contexto teve origem o grande movimento de manifestação da arte que viria a ser o barroco. Conforme apontado por Toledo (1983, p. 92), "no século XVI por 'maneira' entende-se o procedimento inerente a uma manifestação artística, a forma correta de proceder, ou a peculiaridade de produção de um determinado artista". Atualmente, a denominação *maneirismo* tem sido aplicada tanto à arquitetura como às artes visuais que marcaram o século XVII (Oliveira, 2014). No Brasil, o maneirismo foi o movimento que marcou as primeiras manifestações artísticas no período colonial do país, fazendo-se presente, juntamente com o barroco e o rococó, nas artes e na arquitetura religiosa.

Quanto ao surgimento do movimento **barroco**, uma das teorias aceitas é a de que houve certo esgotamento da produção artística no movimento iluminista. Isso porque a genialidade de grandes artistas dessa época não pôde ser superada por aqueles que vieram depois, resultando, como já mencionado, no maneirismo, um estilo intermediário, que prenuncia o que viria a ser o barroco.

Nesse mesmo período, com a Reforma Protestante na Europa (1517), a Igreja Católica, em um primeiro momento, seguiu as recomendações do conhecido Concílio de Trento (1545-1563), mantendo-se na sobriedade, principalmente no campo da arte, em razão da crítica dos reformadores em relação aos apelos sensoriais e estéticos como forma de manifestação religiosa. Contudo, posteriormente, viu-se nas manifestações artísticas uma oportunidade de evangelização e conquista dos territórios que tinham sido perdidos para o protestantismo. Estamos aqui nos referindo ao movimento da Contrarreforma, promovido pela Igreja Católica (Toledo, 1983). Nesse contexto, houve um intenso uso das artes como modo de representar o sagrado. Assim, nesse movimento, foram produzidas gravuras e representações de narrativas bíblicas e de histórias dos santos, bem como esculturas de figuras angelicais e imagens de santos, o que deu origem ao barroco. O estilo barroco foi encarado, portanto, como uma estratégia adotada pela Igreja durante a Contrarreforma, no século XVI.

O termo *barroco* apresenta, entre outros significados, o sentido de "pérola irregular". Para alguns, isso significava o fato de que, aos poucos, essa pérola foi tomando uma forma mais aperfeiçoada. O barroco, no entanto, foi visto pelos adeptos do classicismo como um estilo confuso, extravagante e, até mesmo, bizarro. Movimento artístico que vigorou durante o Renascimento e que valorizava a Antiguidade Clássica – pautando-se por um padrão de excelência estética, pelo equilíbrio e pela sobriedade –, o classicismo nada tinha em comum com o estilo barroco, e os seguidores desse movimento olhavam com certo desdém os exageros do barroco.

O barroco tem características muito peculiares e está presente nas artes plásticas, em esculturas e em obras arquitetônicas. No Brasil, foi muito utilizado no contexto religioso católico e até hoje pode ser encontrado em várias regiões do país. O barroco tem sido caracterizado pelo uso de recursos teatrais, com exageros, ao combinar vários estilos, configurando certa unicidade, com o objetivo de impactar o observador. Nessa ótica, deu-se ênfase ao movimento, buscando captar nas esculturas o momento de clímax das narrativas religiosas retratadas. Tal exagero teatral, que também pode ser visto como uma espécie de opulência, pode ser identificado sobretudo no interior das grandes igrejas construídas no Brasil. O material utilizado para a composição dos ornamentos e das esculturas variava de mármore a madeiras resistentes. Em muitas igrejas, pode-se observar o revestimento de ouro e tintas quentes, realçando os contornos das obras esculpidas na parede. A intenção era levar o observador ao encantamento e ao êxtase ante a grandiosidade das catedrais.

Nas regiões prósperas do Brasil colonial, nas quais se experimentou a riqueza mediante a extração de ouro em larga escala, muitos desses recursos foram empregados na ornamentação das igrejas, em decorações com esculturas em mármore e mogno. Nesse período, foram importados raros azulejos da Europa, a fim de que fossem usados na decoração de igrejas e em construções de ordens religiosas.

No Nordeste, como comentam Martins e Kok (2015), as riquezas geradas pela exportação do açúcar produziram ostentação e suntuosidade, em contraste com a pobreza vivenciada pelos marginalizados. Igrejas e conventos de grande luxo foram construídos com toda essa riqueza, e em seus interiores havia inúmeras peças de ouro e prata. Como exemplo, podemos citar a igreja e o convento de São Francisco de Assis, na Bahia. Essa construção foi reformada entre 1708 e 1783, quando toda a sua decoração interna foi revestida com ouro (acumulado durante o século XVIII) trazido da região de Minas Gerais (Martins; Kok, 2015).

Em virtude da riqueza produzida durante o ciclo do ouro, a região de Minas Gerais atraiu muitas pessoas oriundas de várias regiões do país e mesmo da Europa, em busca do precioso metal. Experimentando essa prosperidade, as cidades construíam suas igrejas lindamente ornamentadas com toda a suntuosidade e beleza do estilo barroco. Um dos grandes destaques desse período foi o extraordinário escultor, entalhador e arquiteto Antônio Francisco Lisboa (1738-1814), conhecido como Aleijadinho, nascido na cidade de Ouro Preto. Suas obras podem ser encontradas por todo o Estado de Minas Gerais, mais especificamente em cidades como Ouro Preto, São João del-Rei, Congonhas e Sabará.

A última fase do barroco no Brasil corresponde ao estilo **rococó**, o qual surgiu na França aproximadamente nos anos 1730. Em sua origem, não havia nele nenhuma conotação religiosa ou mesmo política, isto é, o rococó foi desenvolvido como uma resposta aos excessos da ornamentação barroca e como uma exigência da nobreza e da burguesia, na decoração de castelos e residências dos franceses mais abastados. A difusão desse novo estilo permitiu sua exportação para outros países, contexto no

Figura 2.1 – Escultura em pedra-sabão do profeta Oseias, feita por Aleijadinho

GTW/Shutterstock

qual ele chegou ao Brasil. Como salienta Oliveira (2014), cerca de 23 anos após sua criação na Europa, o Rio de Janeiro foi o primeiro estado a adotá-lo no país, fazendo-o prevalecer nas decorações internas das igrejas cariocas. Tratava-se de uma decoração mais sóbria, de uma arquitetura que, com janelas amplas, privilegiava a entrada da luz natural, o que se contrapunha ao barroco, que enfatizava o contraste entre luz e sombras. O barroco de estilo rococó aos poucos influenciou a pintura e a arquitetura de outros estados, como Pernambuco e Minas Gerais. O próprio Aleijadinho foi um importante representante desse período, com suas obras de arquitetura e esculturas em pedra-sabão. Na Figura 2.1, pode ser observada uma escultura em pedra-sabão de tamanho quase natural do profeta Oseias. A obra constitui uma das peças de um conjunto de 12 esculturas feitas pelo artista no Santuário do Bom Jesus de Matosinhos, em Congonhas, Minas Gerais, entre os anos de 1800 e 1805.

2.3 Neoclassicismo no Brasil

O neoclassicismo foi um movimento que inicialmente apareceu na Itália e consistiu em uma revisitação dos temas presentes na cultura grega. Estava vinculado aos valores iluministas, em franca rejeição ao estilo rococó, o qual era visto como derivado de uma aristocracia em declínio. Para os inovadores do estilo neoclassicista, o rococó não passava de uma arte frívola que alimentava a nobreza europeia.

Em virtude do cultivo de valores racionais e moralistas, voltados ao academicismo e ao intelectualismo, o neoclassicismo foi encarado como um resgate dos princípios do Iluminismo, enaltecendo-se, assim, a cultura greco-romana. Tal movimento teve grande importância ao ser utilizado para embasar os valores presentes na Revolução Francesa (Souza; Batista, 2019).

A história do neoclassicismo no Brasil está intimamente relacionada à vinda da família real, quando então a capital do governo português passou a ser a cidade do Rio de Janeiro. A chegada de Dom João VI ao Brasil se deveu a uma disputa entre França e Inglaterra pelo controle econômico dos mercados europeus. A França, para impedir o comércio entre a Inglaterra e os países do continente, decretou, em 1807, o bloqueio continental, por meio do qual os países que eram aliados dos franceses se viram impedidos de comercializar com os ingleses. Porém, Portugal não se submeteu a essa normativa, pois dependia muito dos acordos e das relações comerciais que mantinha com a Inglaterra, inclusive para realizar o transporte de mercadorias com sua colônia, o Brasil. Diante disso, as tropas napoleônicas, em conjunto com as tropas espanholas, invadiram Portugal, e o Rei Dom João VI embarcou com toda a sua comitiva para o Brasil, fugindo da invasão.

Com a chegada da corte portuguesa, Dom João VI autorizou a vinda ao Brasil daquilo que ficou conhecido como **Missão Artística Francesa**, cujo intuito era promover a arte europeia na colônia portuguesa. A ideia de "missão" tem sido colocada em dúvida. Isso porque, a julgar pelas circunstâncias, o grupo liderado por Joaquim Lebreton parece ter buscado refúgio e novas oportunidades em terras brasileiras, por conta da pressão exercida pelas forças napoleônicas na França.

A Missão Francesa era composta por Joaquim Lebreton, antigo secretário da classe de Belas Artes do Instituto de França; Jean-Baptiste Debret, pintor e historiador; Nicolas-Antoine Taunay, pintor de gênero e de batalhas; Auguste-Henri-Victor Grandjean de Montigny, arquiteto; Auguste-Marie Taunay, escultor; Charles Simon Pradier, o gravador; e Sigismund Neukomm, conquistador. A Missão trouxe, ainda, artífices e ajudantes em áreas profissionais, como serralheria, ferragem, curtição, entre outras (Civita, 1980). Em 1816, foi criada, no Brasil, a Escola Real das Ciências, Artes e Ofícios. Nicolas-Antoine Taunay retornou para a França em 1821, e Debret permaneceu ainda por mais dez anos após essa data.

Os artistas franceses tiveram bastante dificuldade para estabelecer uma escola de artes no Brasil, uma vez que a realidade colonial não oferecia todas as possibilidades para que isso se efetivasse, considerando-se a ausência de equipamentos e de materiais que permitissem tal feito. Além disso, também era necessário despertar na população em geral a admiração pelas artes, pois mesmo a classe média permanecia ainda incipiente no país. Até então, o culto às artes e à estética era realidade apenas nas classes aristocráticas vinculadas à corte portuguesa.

O interesse de Dom João em instalar no Brasil uma escola de artes e profissões demonstra seu desejo de promover o progresso técnico e científico, bem como de desenvolver a arquitetura, as artes e as ciências no mesmo nível praticado nas cortes europeias. Aos poucos, foi possível difundir as artes, além de introduzir no país uma arquitetura voltada ao neoclassicismo. Nesse sentido, foram necessárias muitas adaptações quanto aos materiais e às técnicas utilizados. Isso porque, no Brasil, não havia materiais disponíveis para as construções de acordo com os moldes europeus. Era comum importar materiais e mão de obra especializada da Europa.

Quanto à pintura, os nomes que se destacaram entre os nobres integrantes da estimada Missão Francesa foram Taunay e Debret. O primeiro foi um dos artistas preferidos de Napoleão Bonaparte, tendo pintando quadros históricos do grande líder militar e estadista. No Brasil, Taunay pintou paisagens do Rio de Janeiro, bem como retratos dos herdeiros do trono, a pedido da rainha. Entre suas obras estão retratadas tanto Carlota Joaquina como as princesas de Bragança. Há, ainda, o retrato de Dona Constança Manuel de Meneses, a Marquesa de Belas, e uma paisagem em que Dom João e Carlota estão passeando pela Quinta da Boa Vista. Taunay foi professor da cadeira de pintura de paisagens na Escola Real das Ciências, Artes e Ofícios, que posteriormente viria a se chamar Academia e Escola Real das Artes (Dias, 2011).

Além de algumas pinturas nas quais representou eventos históricos da corte e da nobreza – por exemplo, *Desembarque da arquiduquesa Leopoldina no Brasil* e *Embarque das tropas para Montevideo* (ambas expostas no Museu Imperial, em Petrópolis) –, Debret é bastante lembrado por suas aquarelas, por meio das quais o artistas buscava retratar a natureza do Brasil, além de cenas do cotidiano e manifestações culturais dos povos que aqui viviam. Com cores vivas, Debret pintou, em suas aquarelas, cenas do dia a dia dos brasileiros, assim como as festas, a escravidão e a realidade indígena, com suas tribos e artefatos. Em todos os aspectos possíveis, ele procurou exprimir o que via, registrando suas percepções nas aquarelas. Quanto à cidade do Rio de Janeiro, Debret deu destaque ao cenário agitado do local. Nas obras em que representou tal cidade, os escravos são constantemente simbolizados em seus diversos afazeres a serviço de seus senhores.

Quando retornou a Paris, em 1831, Debret fez uso de suas aquarelas como base para lançar em litogravuras sua obra intitulada *Viagem pitoresca e histórica ao Brasil*, a qual foi publicada em três tomos e reflete seus 15 anos de passagem pelo país. Juntamente com as litogravuras, Debret teceu comentários e escreveu suas impressões a respeito do país durante o tempo em que aqui viveu.

Lima (2015) chama atenção para o fato de que Debret, fortemente influenciado pelo classicismo francês e pela experiência em terras brasileiras, além de elaborar em suas obras um substancioso inventário do Brasil colonial e imperial, buscou traçar uma narrativa que interpretasse o país como uma nação em marcha rumo ao desenvolvimento, suplantando o poder estrangeiro português, substituindo-o por um poder nacional – o que, para Debret, teria ocorrido após a chegada da família real ao Brasil – e culminando na independência. O Brasil, assim, deixava de ser uma colônia portuguesa para se tornar protagonista de sua própria história. Na visão do artista, houve um avanço da civilização brasileira, o que demonstrava a presença de um racionalismo desenvolvimentista, natural do neoclassicismo, do qual Debret foi testemunha. O pintor português entendia que a vinda da Missão Francesa ao Brasil, com a promoção das artes, havia contribuído para isso (Lima, 2015).

Com relação à arquitetura neoclássica no Brasil, esta se apresenta principalmente nas construções civis promovidas pelo Império e por particulares. Com a chegada da corte portuguesa ao Rio de Janeiro, as técnicas neoclássicas passaram a ganhar visibilidade. Diversas obras urbanas foram realizadas, modernizando os espaços. O neoclássico tornou-se, dessa forma, o estilo oficial do Império. Grandjean de Montigny, que fazia parte da Missão Francesa, teve vários alunos que propagaram esse estilo por todo o país. Como exemplos de construções neoclássicas, citamos o Museu Nacional de Belas Artes, a Escola de Belas Artes, a Santa Casa de Misericórdia, o Palácio do Itamarati, a Casa de Rui Barbosa, o Palácio do Catete, além de muitas outras edificações no Rio de Janeiro (Barata, 1983).

2.4 Romantismo no Brasil

O romantismo como movimento artístico surgiu no final do século XVIII, em clara oposição ao movimento neoclássico. Se no neoclassicismo se buscava resgatar os conceitos racionais e estéticos do Iluminismo, no romantismo se prezava pela **subjetividade** em detrimento da razão – tão valorizada no período anterior. Na arte, as regras neoclássicas visavam ao aperfeiçoamento por meio dos mestres iluministas que imitavam o rigor das formas presentes nas artes da Antiguidade grega e romana. Já no romantismo, o objetivo residia, ao contrário, na **liberdade** em relação ao rigor acadêmico presente no movimento anterior, substituindo-o pela liberdade acadêmica e pela livre expressão pautada na subjetividade.

    O romantismo também foi fruto de sua época, em um mundo que passava por uma profunda ebulição, marcado por uma sociedade que havia se tornado mais complexa por conta da Revolução Industrial, que, como mencionamos anteriormente, ocorreu inicialmente na Inglaterra, mas depois se espalhou por toda a Europa, solapando o antigo modo de vida artesanal e agrário, com resquícios feudais. As novas configurações de um mundo moderno, industrial, fizeram com que a sociedade ficasse mais introspectiva, menos estética e mais subjetiva, pautada nos sentimentos e nas emoções.

    O movimento romântico chegou ao Brasil poucos anos após seu desenvolvimento na Europa. Esse movimento brasileiro tinha muitas similaridades com o europeu. Isso porque, na área artística, foram os estrangeiros, principalmente de matriz francesa, que o trouxeram ao país, com suas técnicas e estilos. Além disso, muitos artistas brasileiros que pertenceram ao movimento romântico passaram boa parte de sua vida na Europa, desenvolvendo e treinando as técnicas aprendidas com mestres europeus. No entanto, como já mencionado, pelo fato de apregoar a liberdade e a subjetividade estética (em sentimentos e emoções), o romantismo assumiu características peculiares de acordo com a singularidade e a realidade cultural, adaptando-se às diversas realidades locais em um país de dimensões continentais.

Principalmente nas artes, o romantismo no Brasil recebeu grande influência francesa, apesar do forte apelo à exaltação à natureza e à construção de um mito de formação da própria nação – mito criado com o propósito de enaltecer as origens europeias, a fim de unir o país em torno da independência conquistada pelo imperador português D. Pedro I, em 1822. Desse modo, por meio das artes patrocinadas pelo Império, desejava-se promover a união nacional, com o intuito de que a recém-nação proclamada independente – ainda de forte matriz escravocrata e vista como inferior em relação às tradições europeias – superasse os desafios presentes.

Tal como havia ocorrido em todo o século XVIII, surgiu, nesse período, o pensamento de que o modelo de aperfeiçoamento da humanidade se devia a um processo civilizatório, sendo este um fenômeno tipicamente europeu a ser implantado no Brasil por intermédio da modernidade tecnológica decorrente da Revolução Industrial (Starobinski, 2001). Nas artes, buscou-se, também, transpor a ideia do índio como um selvagem da terra para assumir a figura do "bom selvagem". Nessa ótica, o índio foi representado no romantismo como um herói nacional, que contribuiu para a formação do povo brasileiro, visto que o negro, até então, não era considerado parte da nação e ainda sofria o jugo da escravidão.

Entre os artistas estrangeiros que trouxeram a arte romântica ao Brasil, Barata (1983) aponta Francisco Renato Moreaux e Luís Augusto Moreaux, os quais aqui chegaram aproximadamente em 1840. Do primeiro, citamos as obras *Sagração de Dom Pedro II* e *Proclamação da Independência* e, do segundo, *Dom Pedro II visitando os doentes do Colera Morbus*, todas com tendência romântica. Por sua vez, entre os pintores brasileiros que tiveram formação no Brasil e depois realizaram algum aperfeiçoamento cultural na Europa, Barata (1983) destaca Victor Meirelles, Pedro Américo e Almeida Júnior (Barata, 1983), os quais foram precursores de uma geração mais numerosa de artistas nacionais cujas obras tinham viés romântico.

Figura 2.2 – *Primeira missa no Brasil*, de Victor Meirelles, uma pintura com características claramente românticas

MEIRELLES, Victor. **Primeira missa no Brasil**. 1860. 1 óleo sobre tela: color.; 268 × 356 cm. Museu Nacional de Belas Artes, Rio de Janeiro, Brasil.

Victor Meirelles de Lima (1832-1903) estudou na Academia de Belas Artes, em 1847. Nascido em Santa Catarina, foi ao Rio de Janeiro por conta de seus talentos artísticos. Em 1852, recebeu como prêmio uma viagem à Europa, com a tela *São João Batista no cárcere*. No ano de 1853, estudou em Roma com Tommaso Minardi e Nicola Consoni. Mais tarde, passou a residir na capital francesa, onde pintou o quadro *Primeira missa no Brasil*. Essa obra foi, em grande parte, inspirada nas narrativas descritas na carta de Pero Vaz de Caminha. Era de interesse da corte brasileira publicar documentos antigos a respeito do país e que estavam arquivados na Europa. A carta de Caminha havia sido descoberta na mesma época em que o Brasil declarara sua independência de Portugal, e o Império quis torná-la conhecida tanto no Brasil quanto no exterior (Migliaccio, 2014).

A *Primeira missa no Brasil* (Figura 2.2) apresenta características românticas em muitos de seus aspectos. Nela, pode-se observar a representação da paisagem idílica, dos nativos da terra e do Império Português, que, com as bênçãos da Igreja Católica, inauguram a nova nação sem os vícios do velho continente, em meio ao frescor de uma terra paradisíaca. A composição foi realizada em óleo sobre tela, nas dimensões de 2,68 × 3,57 m. Considerada a obra-prima da história da arte nacional, a pintura retrata o evento que teria acontecido no dia 26 de abril de 1500, quando, por ordem de Pedro Álvares Cabral, foi rezada uma missa para demarcar a posse da então Terra de Vera Cruz para a coroa portuguesa e para a fé católica. Nessa pintura, Victor Meirelles retrata o Império Português com as bênçãos e a legitimação da Igreja no domínio das terras conquistadas. A obra foi utilizada como propaganda política da nação recém-declarada independente, com o objetivo de unificar simbolicamente, em torno do Império, uma sociedade não tão unida assim.

Assim como Meirelles, Pedro Américo se destacou por produzir telas que representavam a história de grandes acontecimentos do Brasil. Muitas de suas pinturas, realizadas na década de 1870, retrataram batalhas, inclusive a Guerra do Paraguai – evento que também envolveu Brasil, Argentina e Uruguai, nações que entraram em conflito direto com as forças de guerra paraguaias. A guerra terminou com a vitória da aliança estabelecida entre os três países e comoveu muito os brasileiros. Além disso, por conta do envolvimento na guerra, o Brasil contraiu diversas dívidas, em virtude de empréstimos do exterior para financiar o conflito. Como resultado da guerra, ocorreu o fortalecimento do exército brasileiro como instituição, demarcando o que seria a decadência da monarquia – o que ocorreu nos anos seguintes, com a Proclamação da República, em 1889.

Pedro Américo nasceu na Paraíba, na cidade de Areia, em 1843, e morreu em Florença, na Itália, em 1905. É considerado um dos maiores gênios da pintura brasileira. Além de ter produzido obras de caráter romântico, pintou o quadro *Batalha do Avaí*, obra exposta em 1879 e que tinha o propósito de enaltecer os heróis nacionais.

Batalha do Avaí é um quadro de grandes dimensões (6 × 11 m) e retrata um momento importante na guerra travada entre Brasil e Paraguai. Nela, Pedro Américo pintou uma cena dramática, em que se percebe uma forte sensação de desordem. Assim, por meio de cores fortes e diversas, o autor leva a destruição da batalha até o céu, ao qual se unem as nuvens de fumaça. Nesse intento, céu e terra são envolvidos em um caos de desgraça, a fim de refletir a angústia, a dor e a morte que abateram os homens durante o embate. Outra obra também importante pintada por Pedro Américo é *O grito do Ipiranga*, produzida em Florença, na Itália, e que representa um dos momentos mais emblemáticos da história nacional.

O terceiro artista citado por Barata (1983) e que merece atenção é José Ferraz de Almeida Júnior (1850-1899), nascido na cidade de Itu, no interior do Estado de São Paulo. Esse pintor se destacou por seu estilo próprio nas artes plásticas. Foi estudante de artes em Paris entre os anos de 1876 e 1882 e tornou-se conhecido no Brasil mais por suas telas de temática regionalista quando de seu retorno de Paris para sua cidade natal, em 1882, do que por suas obras em estilo acadêmico produzidas na Europa.

Embora transitasse com normalidade entre vários estilos de pintura – pois havia se aperfeiçoado em Paris, após seus estudos na Academia Imperial de Belas Artes, onde foi aluno de Victor Meirelles, no Rio de Janeiro – e conhecesse do neoclássico ao romantismo, Almeida Júnior desenvolveu um estilo vinculado à contemporaneidade, ao personagem simples do interior do país, retratado na figura do "caipira", com a intenção de, assim, registrar o verdadeiro Brasil (Toral, 2007), e não o idealizado pela elite aristocrática ligada ao Império.

Entre suas obras, destaca-se *Descanso do modelo*, pintada ainda em Paris, no estilo acadêmico. Em 1884, já no Brasil, ele expôs a obra *O derrubador brasileiro*, indicando uma temática nacional, assim como *Caipiras negaceando*. Nas obras posteriores, o pintor seguiu representando o caipira como a figura tipicamente brasileira. Seu estilo passou a atrair o gosto do burguês nacional, por meio de temas referentes ao cotidiano do homem que vivia no interior.

2.5 Modernismo no Brasil

O movimento modernista marcou o início do século XX e representou um momento na história mundial cheio de transformações nas esferas econômica, política e social. Vale lembrar que nesse período, por conta de disputas imperiais e do forte nacionalismo entre os povos, veio a eclodir em 1914 a Primeira Guerra Mundial, a qual envolveu as principais potências do mundo até então.

No Brasil, esse movimento surgiu por intermédio de um grupo de vanguarda, que se mostrava insatisfeito com o modelo artístico tradicional ainda preso ao Iluminismo, voltado às regras e às tradições. O desejo era por uma arte nova, livre de padrões preestabelecidos conforme as regras do academicismo de influência europeia, que ainda predominava no Brasil com a Escola Nacional de Belas Artes, no Rio de Janeiro. Os modernistas aspiravam a mudanças e a um novo momento para a arte nacional. Para a ala conservadora, ligada à Escola de Belas Artes, "a tradição passava de professor a aluno, a tal ponto que os padrões de representação que se seguiam eram considerados 'regras imutáveis que regem as artes', como diziam na época" (Rossetti, 2012, p. 125). Ou seja, não existia espaço para a mudança, para a renovação, para o desenvolvimento de novas técnicas e para a liberdade artística.

Assim, havia um engessamento das técnicas e formas de fazer arte que não permitia uma renovação no campo artístico do Brasil. Embora outros modelos e padrões de expressão da arte já se mostrassem em inúmeros outros lugares do mundo, como nos Estados Unidos e mesmo no continente europeu, essa liberdade acadêmica ainda não ocorria no Brasil. Como afirma Marta Rossetti (2012), nessa época, tanto aqui como na França, o academicismo ainda persistia como arte oficial. Paralelamente a isso, na Europa, outros grupos manifestavam artes distintas, adotando-se estilos diferentes, como o impressionismo, o fauvismo, o cubismo e mesmo o futurismo e o expressionismo. Porém, tais grupos eram pouco representados no Brasil em razão da forte influência exercida pelos acadêmicos da Escola Nacional de Belas Artes do Rio de Janeiro. Mesmo nessa época, em que artistas brasileiros viajavam para a Europa, estes não se interessavam por novos estilos, mas buscavam nas escolas tradicionais europeias as técnicas clássicas iluministas já consagradas e valorizadas pelas elites brasileiras.

A **Semana da Arte Moderna** foi um marco no que diz respeito ao início do modernismo no Brasil. Ela aconteceu entre os dias 11 e 18 de fevereiro de 1922, no Teatro Municipal de São Paulo. O evento contou com a participação de diversos artistas, escritores, músicos e arquitetos tanto de São Paulo como do Rio de Janeiro. Teve grande divulgação nos jornais, pois muitas das pessoas envolvidas ocupavam cargos de destaque nos meios de comunicação da época. Uma nota no *Correio Paulistano* (Ajzenberg, 2012) informava que o objetivo era apresentar a todos o que havia de mais atual nas áreas da arquitetura, da escultura, da música e da literatura. Participariam do evento músicos como Heitor Villa-Lobos e Guiomar Novais; escritores como Mário de Andrade, Oswald de Andrade e Plínio Salgado; artistas plásticos como Victor Brecheret, Anita Malfatti e Di Cavalcanti; e arquitetos como Antônio Moya e Georg Przyrembel (Civita, 1980).

É importante mencionar que 1922 era o ano do Centenário da Independência do Brasil. A data era bem sugestiva para quem aspirava a uma renovação cultural e artística no país. Isto é, o momento era importante para aqueles que desejavam um país renovado, em pleno desenvolvimento científico, econômico e social, um país atual e em igualdade de condições em face das principais nações tidas como modernas no mundo. Assim, os organizadores do evento visavam criar caminhos para uma renovação nacional e livre das amarras do tradicionalismo, as quais ainda vinculavam o Brasil ao seu passado colonial e monárquico. O modernismo no Brasil vigorou de 1922 até 1945.

Nas artes, muitos se destacaram com seus diversos estilos. Alguns trouxeram novas experiências, como resultado de suas vivências no exterior, adaptando-as à realidade brasileira; outros assumiram um estilo tipicamente nacional. Entre os artistas que se destacaram nessa fase, podemos mencionar, como exemplo, Anita Malfatti, Tarsila do Amaral, Victor Brecheret, Di Cavalcanti e Cândido Portinari.

Anita Catarina Malfatti (1896-1964) nasceu em São Paulo, e sua experiência com a pintura se deu por meio das aulas de sua mãe, que era pintora amadora. Viajou para a Alemanha para cursar a Academia de Belas Artes de Berlim, onde teve contato com artistas impressionistas e pós-impressionistas. Depois da Alemanha, seguiu para Paris, cidade em que residiu por um breve tempo. Retornou ao Brasil em 1914 e fez uma exposição individual em São Paulo. Após isso, viajou para Nova York e conheceu o cubismo. Em 1917, novamente no Brasil, lançou uma nova exposição, mas foi alvo de uma feroz crítica do renomado escritor Monteiro Lobato, que escreveu, no jornal *O Estado de São Paulo*, um artigo intitulado "Paranoia ou mistificação?". Diante da crítica, Anita contou com o apoio de jovens artistas e pintores, como Guilherme de Almeida, Mário de Andrade e Di Cavalcanti. Encorajada pelos colegas modernistas, participou da Semana de Arte Moderna, de 1922, obtendo muita admiração (Civita, 1980). Entre suas principais obras, podemos citar *Burrinho correndo* (1909), *O farol* (1915), *A estudante russa* (1915), *O homem de sete cores* (1916), *Tropical* (1916), *Índia* (1917) e *A boba* (1915). Em suas pinturas, a artista usava cores puras e fortes, o que chocava os críticos mais conservadores – como foi o caso de Monteiro Lobato.

Tarsila do Amaral (1886-1973), depois de iniciar nas artes aprendendo com vários artistas renomados técnicas de escultura e pintura, viajou para Paris em 1920. Em 1922, retornou ao Brasil, mas não chegou a participar da Semana da Arte Moderna. Nessa época, aproximou-se de artistas modernistas e, um ano depois, novamente em Paris, manteve contato com mestres cubistas (Civita, 1980). Anos depois, já no Brasil, viajou para a região de Minas Gerais e conheceu o interior do país. Suas obras podem ser divididas em três fases – Pau-Brasil, Antropofágica e Social – e algumas das mais marcantes são: *A feira*

(1924), *A Estação Central do Brasil* (1924), *O pescador* (1925), *Abaporu* (1928), *Urutu* (1928), *Antropofagia* (1929), *Operários* (1933), *Segunda classe* (1933) e *Crianças do orfanato* (1935) (Civita, 1980). Tarsila foi uma das grandes personalidades do modernismo no Brasil.

O escultor Victor Brecheret (1894-1955) começou seu aprendizado estudando desenho e modelagem no Liceu de Artes e Ofícios de São Paulo, em 1912. Depois, seguiu para a Itália, onde aprendeu técnicas de escultura. Permaneceu nesse país por cinco anos, em contato com artistas de vanguarda da época. Em Roma, recebeu seu primeiro prêmio, na Exposição Internacional de Artes, em 1916. Em 1919, voltou ao Brasil e montou seu ateliê, no Palácio das Indústrias, em São Paulo. Seu contato com os artistas modernistas ocorreu em 1920. Doze de suas obras foram expostas na Semana da Arte Moderna. Entre suas esculturas mais famosas estão: *Eva* (1919), *Musa impassível* (1922), *Sepultura* (1923), *Portadora de perfume* (1924) e *Monumento às bandeiras* (1936-1953) (Civita, 1980).

Di Cavalcanti (1897-1976) tornou-se um símbolo do modernismo brasileiro, em virtude de sua grande contribuição para esse movimento. Foi um dos principais envolvidos na Semana da Arte Moderna, tendo intensa participação na realização do evento. Desde cedo, já se destacava como caricaturista. Estudou Direito, mas não chegou a se formar. Teve grande contato com os modernistas, como Mário de Andrade, Oswald de Andrade, Anita Malfatti, Victor Brecheret e Tarsila do Amaral. Expôs 12 pinturas na Semana de Arte Moderna, além de ter sido o responsável pelos catálogos e programas. Viveu em Paris de 1923 a 1925, quando se aproximou de artistas renomados, como Picasso e outros. Publicou álbuns com gravuras e serigrafias, bem como livros. Também foi escritor, jornalista e poeta e expôs suas obras no Brasil e no exterior (Senado Federal, 2001), entre as quais destacamos: *Pierrot* (1924), *Cinco moças de Guaratinguetá* (1930), *Família na praia* (1935), *Vênus* (1938), *Ciganos* (1940), *Tempos modernos* (1961) e *Músicos* (1963).

Cândido Portinari (1903-1962) nasceu em uma pequena cidade do interior do Estado de São Paulo chamada Brodósqui. Filho de imigrantes italianos que trabalhavam nos cafezais da região, teve uma infância humilde. Deixou São Paulo ainda jovem e foi para o Rio de Janeiro a fim de estudar na Escola Nacional de Belas Artes. Em 1928, foi premiado pela Exposição Geral de Belas Artes e viajou para Paris, casando-se com a uruguaia Maria Martinelli. Retornou ao Brasil em 1931. Em 1935, foi premiado na Exposição Internacional de Arte Moderna, nos Estados Unidos, pelo Carnegie Institute de Pittsburgh. Também promoveu outras exposições em Nova York, Washington e Paris. Portinari foi um grande representante do modernismo, tanto no Brasil como no exterior. Entre suas obras de destaque estão: *Mestiço* (1934), *Café* (1935), *Cana-de-açúcar* (1938), *A descoberta da terra* (1941), *Retirantes* (1944) e *Guerra e paz* (1953-1956).

2.6 Arte pós-moderna e arte contemporânea no Brasil

Alguns autores tratam como sinônimas a arte pós-moderna e a arte contemporânea. Isso porque esses dois momentos históricos ocorreram quase simultaneamente, com conceitos e características semelhantes em relação à forma de compreender e fazer arte. Os dois movimentos surgiram na metade do século XX, atingindo também o século XXI.

Para uma melhor compreensão dos dois períodos e dos respectivos estilos, vamos abordá-los separadamente, buscando evidenciar as características próprias de cada um.

2.6.1 Arte pós-moderna

A arte pós-moderna normalmente é definida como a quebra de paradigmas no modo de compreender a arte. Até o período moderno, o conceito de arte já estava posto desde o Iluminismo, em que tudo girava em torno da arte. O que variava era a técnica empregada (se validada ou não pela academia), ou seja, o modo de pintar e os materiais, as tintas, as superfícies ou os pigmentos utilizados. O advento da arte pós-moderna, no entanto, implicou um questionamento acerca do significado da própria arte, isto é, já não eram as técnicas e os materiais empregados na obra de arte que estavam em jogo, mas a arte em si mesma. Nesse novo momento, o artista passou a poder criar arte da forma como desejava; não havia mais limites ou regras para estabelecer o que seria ou não arte. Poderia tanto ser uma releitura de algo já feito como uma criação nova, livre de qualquer amarra ou regra. Assim, para realizar sua arte, o artista tinha plena liberdade para recorrer a elementos do cotidiano ou a outros. Logo, a arte partia do próprio indivíduo que a idealizava e a apresentava, usando para isso os meios que achasse melhor.

Normalmente, considera-se que a arte pós-moderna teve origem no Reino Unido, a partir da década de 1950, com o surgimento da ***pop art***. Traduzindo literalmente essa expressão para o português, temos algo como "arte popular". Porém, na realidade, a *pop art* tem outro significado, pois estava relacionada a uma crítica à cultura massificada americana. Nesse caso, a proposta artística era usar elementos e símbolos das propagandas de *marketing* para criar obras de arte, por exemplo, banalizando a prática consumista e o modo de viver dos americanos naquele período. Assim, mediante métodos serigráficos, utilizavam-se elementos comuns da publicidade ou mesmo de estrelas *pop* americanas para criticar essa cultura de massa, altamente consumista.

Como exemplo, Andy Warhol utilizou a marca de refrigerante da Coca-Cola e colocou figuras de garrafas umas ao lado das outras. Também recorreu a imagens de *pop stars* norte-americanos, como Marilyn Monroe e Elvis Presley, para fazer arte por meio de cópias idênticas de fotos ou desenhos dessas personalidades, colocados lado a lado. Rompia-se, desse modo, com as formas e os meios usados nas pinturas clássicas, que buscavam metodicamente copiar a realidade tendo em vista a perfeição. Passava-se, portanto, a empregar outros elementos, tirados do cotidiano das pessoas, para criar arte. O objetivo era, por meio da cultura de massa, aproximar as pessoas do que efetivamente lhes era comum (Souza; Batista, 2019).

No Brasil, a *pop art* surgiu em um contexto diferente daquele produzido no exterior. Esse período foi marcado pela ditadura militar, e os artistas brasileiros recorreram a essa forma artística para manifestarem resistência. Entre os artistas nacionais que mais se destacaram nesse período, podemos citar Rubens Gerchman (1942-2008) Antônio Dias (1944-2018) e Claudio Tozzi (1944-).

Outro movimento artístico que também conformou as bases da arte pós-moderna foi a arte minimalista. O minimalismo apareceu nos Estados Unidos, mais especificamente em Nova York, por volta da década de 1950. Como o próprio nome sugere, ele buscava expressar, com o mínimo possível de elementos e recursos, as manifestações artísticas propostas. Nas artes plásticas, observou-se o uso de figuras ou formas geométricas simples, sendo estas bidimensionais ou tridimensionais, muitas vezes dispostas de forma repetitiva. Nessa técnica, também se fazia o menor uso possível de cores. A arte minimalista estava ligada ao construtivismo, mais diretamente aos supremacistas russos e ao escultor

Constantin Brancusi (Nobriga, 2016). Essa tendência ao minimalismo pode ser encontrada em outras áreas além das artes, tais como a arquitetura, o *design*, a literatura e a música. No Brasil, entre os artistas vinculados a essa corrente, podemos destacar Carlos Alberto Fajardo (1941-), Ana Maria Tavares (1958-) e Carlito Carvalhosa (1961-), entre outros.

2.6.2 Arte contemporânea

A arte contemporânea diz respeito à arte mais próxima da atualidade. Ela segue o fluxo normal de seu desenvolvimento na continuidade da arte pós-moderna, constituindo-se em uma nova maneira de compreender a arte. Nesse novo cenário, a arte deixa de estar presa às regras antigas, e cada artista passa a ter liberdade de criar e utilizar materiais diversos e instrumentos variados para sua realização. Como escrevem Souza e Batista (2019, p. 314), "não existem mais materiais ou técnicas que façam uma produção ser qualificada como arte".

Os autores ainda afirmam que uma das características interessantes da arte contemporânea está na representação de obras antigas, mas mediante o uso de outros materiais, diferentes dos utilizados para a confecção de tais obras. Isto é, não há uma nova criação ou originalidade na obra criada, e sim a recorrência a novos materiais para representar obras já consagradas. Outra característica da arte contemporânea se refere à participação do público em algumas propostas. Assim, as pessoas deixam de ser meras espectadoras e passam a participar na composição da obra, modificando-a à medida que interagem com ela. Além disso, na contemporaneidade, muitas das obras criadas não são permanentes, ou seja, são efêmeras. Em razão disso, sua preservação só se torna possível por meio de registros – fotografias, filmagens etc. Em alguns contextos, a obra de arte contemporânea também pode causar choque ou estranhamento no público, em virtude de eventuais características inusitadas e mesmo polêmicas (Souza; Batista, 2019).

A **arte conceitual** tem sido uma das formas utilizadas pelos artistas contemporâneos para fazer arte. Nesse tipo de manifestação, as ideias são mais valorizadas do que os processos artísticos. Idealizada por Marcel Duchamp (1887-1968), na arte conceitual, o artista retira um ou mais objetos do uso cotidiano e o(s) expõe como obra de arte em um museu ou galeria. Nesse sentido, questiona-se o que é ou não arte. Logo, qualquer coisa pode ter significado artístico, a depender do que tenha sido idealizado pelo artista. No Brasil, nomes como Guilherme Vaz (1948-2018), Hélio Oiticica (1937-1980), Cildo Meireles (1948-) e Arthur Barrio (1945-) são lembrados como importantes artistas que se utilizaram dessa técnica.

Por fim, outra manifestação da arte contemporânea é a instalação, que consiste em um tipo de arte em que objetos são dispostos em um determinado espaço ou ambiente, e o público pode interagir com eles ou somente contemplá-los, conforme as intenções do artista (Nobriga, 2016).

Síntese

Neste capítulo, tratamos do patrimônio cultural no Brasil. Antes mesmo da chegada dos portugueses, já havia marcas de culturas remotas, de povos que aqui viveram. Tais marcas foram registradas por meio da arte rupestre, ou seja, pinturas e gravuras nas paredes de cavernas e em rochas de várias regiões do país. Os povos indígenas (que tiveram contato com os colonizadores) também tinham grande riqueza cultural, e felizmente hoje conhecemos suas variadas produções artísticas, objetos, artefatos e instrumentos religiosos que foram deixados para a posteridade. No entanto, precisamos lembrar que esses povos não viam sua produção cultural como arte à maneira ocidental, uma vez que seus valores culturais eram, e ainda são, bastante distintos dos nossos.

Vimos também que, após a colonização europeia, o Brasil veio a ser palco de uma grande produção cultural, retratada na arte colonial com o maneirismo, o barroco e o rococó. Mais tarde, com a chegada da família real, o neoclassicismo foi implantado em terras brasileiras, por meio da conhecida Missão Francesa, que deixou suas marcas e despertou os brasileiros para a cultura europeia, estimulando, assim, o apreço às artes e às ciências. Muito do neoclassicismo foi utilizado com o propósito de modernizar as construções civis do governo monárquico, de modo a conferir um ar mais moderno às frágeis construções coloniais.

O romantismo no Brasil, ainda no período imperial, como observamos, teve a intenção de enaltecer a figura do índio como um herói nacional, fato que contribuiu para a formação do povo brasileiro. Nesse período, valorizava-se a natureza e buscava-se o desenvolvimento do país, a fim de que a nação fosse vista como próspera, culta e desenvolvida como as nações europeias. Já no século XX, o modernismo em nosso país procurou se desvencilhar da herança europeia que se fazia presente na cultura nacional. Os modernistas desejavam uma arte nova, livre de padrões preestabelecidos conforme as regras do academicismo europeu. Esse movimento foi marcado pela Semana da Arte Moderna, de 1922, e contou com a participação de diversos artistas, escritores, músicos e arquitetos brasileiros. Proclamava-se um novo momento da arte brasileira, com a valorização daquilo que era visto como genuinamente nacional nas artes, na arquitetura e nas manifestações culturais.

Por fim, abordamos a arte pós-moderna e a arte contemporânea no Brasil, movimentos que consistiram em um verdadeiro rompimento com o que se entendia como arte no país e no mundo até então. Já não eram as técnicas e os materiais utilizados nas obras de arte que estavam em jogo, e sim a arte em si mesma. Nesse novo panorama, o artista passou a criar a arte da forma que quer, ou seja, não há mais limites ou regras para estabelecer o que é ou não arte. Assim, instaura-se a liberdade artística, permitindo que o público, além de somente contemplar a arte, possa até mesmo interagir com ela.

Atividades de autoavaliação

1. Com relação à arte rupestre, que pode ser encontrada em gravuras ou pinturas, assinale a alternativa correta:
   a) As gravuras consistem na perfuração da pedra, e as pinturas, no uso de tintas extraídas de raízes de plantas ou das asas coloridas de pássaros.
   b) As gravuras consistem no picoteamento, e as pinturas eram aplicadas em pedra por meio de pigmentos, carvão ou outros elementos.
   c) Ambas as técnicas, de picoteamento e de pintura, só podem ser encontradas em cavernas no semiárido do nordeste brasileiro.
   d) Em sítios a céu aberto, os sulcos gravados nas rochas tendem a desaparecer por conta das intempéries, o que faz restar somente a pintura.
   e) As técnicas de picoteamento ou de pintura nunca eram utilizadas concomitantemente.

2. Quanto à arte indígena brasileira, assinale apenas a alternativa **incorreta**:
   a) Na tradição indígena, não há distinção entre arte e artefato, isto é, uma divisão segundo a qual determinado objeto é separado para a contemplação e outro se aplica ao uso do dia a dia.
   b) Quando os invasores chegaram ao continente, este já era habitado há muitos anos, ou seja, vários povos já viviam nele, com costumes, línguas e culturas distintos.
   c) Entre os povos indígenas, não havia a figura do artista, pois a produção dos artefatos que eram utilizados pelos nativos fazia parte da tradição de todo o grupo, e não de indivíduos em particular.
   d) Para os primeiros europeus, a história da civilização na América não havia começado com a vinda dos colonizadores ao novo e imenso continente. A história pertencia aos povos indígenas que aqui vivam, pois eles tinham sua própria história e cultura.
   e) Para os colonizadores, os nativos que habitavam o continente americano eram vistos apenas sob o olhar da beleza exótica, e muitos dos objetos das culturas indígenas foram levados para a Europa, a fim de satisfazer à curiosidade dos europeus.

3. Assinale a alternativa correta em relação ao estilo barroco:
   a) O termo *barroco*, entre outros significados, tem o sentido de "pérola irregular", o que, para alguns, significava que jamais poderia ser aperfeiçoado.
   b) O estilo barroco foi visto pelos adeptos do classicismo como um estilo confuso, extravagante e, até mesmo, bizarro.
   c) O classicismo, movimento artístico que vigorou durante a Antiguidade Clássica, era pautado por um padrão de excelência estética, pelo equilíbrio e pela sobriedade, e nada tinha em comum com o estilo barroco.
   d) Os seguidores do classicismo olhavam com certo desdém os exageros do estilo rococó no Brasil.
   e) O estilo barroco foi visto como uma estratégia adotada pela Igreja Ortodoxa Oriental no movimento conhecido como Contrarreforma, ocorrido no século XVI.

4. Assinale a alternativa **incorreta** em relação ao romantismo:
   a) O romantismo como movimento artístico surgiu no final do século XVIII, em clara oposição ao movimento neoclássico.
   b) O romantismo aspirava pela subjetividade em detrimento da razão, tão valorizada no Iluminismo.
   c) O romantismo foi fruto de sua época, marcado por uma sociedade que se tornou complexa com o advento do Iluminismo.
   d) No Brasil, o romantismo teve forte apelo à exaltação da natureza e à construção de um mito de formação da própria nação.
   e) No romantismo, o índio era representado como um herói nacional, fato que contribuiu para a formação do povo brasileiro.

5. A Semana de Arte Moderna foi um marco no que diz respeito ao início do modernismo no Brasil. Com relação a esse evento, assinale a seguir a alternativa correta:
   a) Ela aconteceu no ano de 1920, no Teatro Municipal do Rio de Janeiro.
   b) Ela aconteceu no ano de 1932, no Teatro Municipal de São Paulo.

c) Ela aconteceu no ano de 1942, no Teatro Municipal do Rio de Janeiro.
d) Ela aconteceu no ano de 1922, no Teatro Municipal de São Paulo.
e) Ela aconteceu no ano de 1912, no Teatro Municipal de São Paulo.

Atividades de aprendizagem

Questões para reflexão

1. O movimento modernista surgiu no Brasil por intermédio de um grupo de vanguarda, composto por artistas que questionavam o modo de se fazer arte no país. Conforme o conteúdo estudado neste capítulo, reflita sobre as principais reivindicações desse movimento artístico.

2. Mencionamos que alguns autores tratam como sinônimas a arte pós-moderna e a arte contemporânea. Por que esses dois modos de se fazer arte são tão parecidos e em que ambos diferem dos movimentos anteriores?

Atividade aplicada: prática

1. Faça uma pesquisa na internet e selecione obras de arte que representem ao menos quatro movimentos artísticos no Brasil. Procure verificar quais são as principais características dessas obras e por que elas são tão importantes para os movimentos a que se vinculam. Em seguida, elabore um fichamento comparando cada caso.

3

Políticas de preservação do patrimônio cultural no Brasil

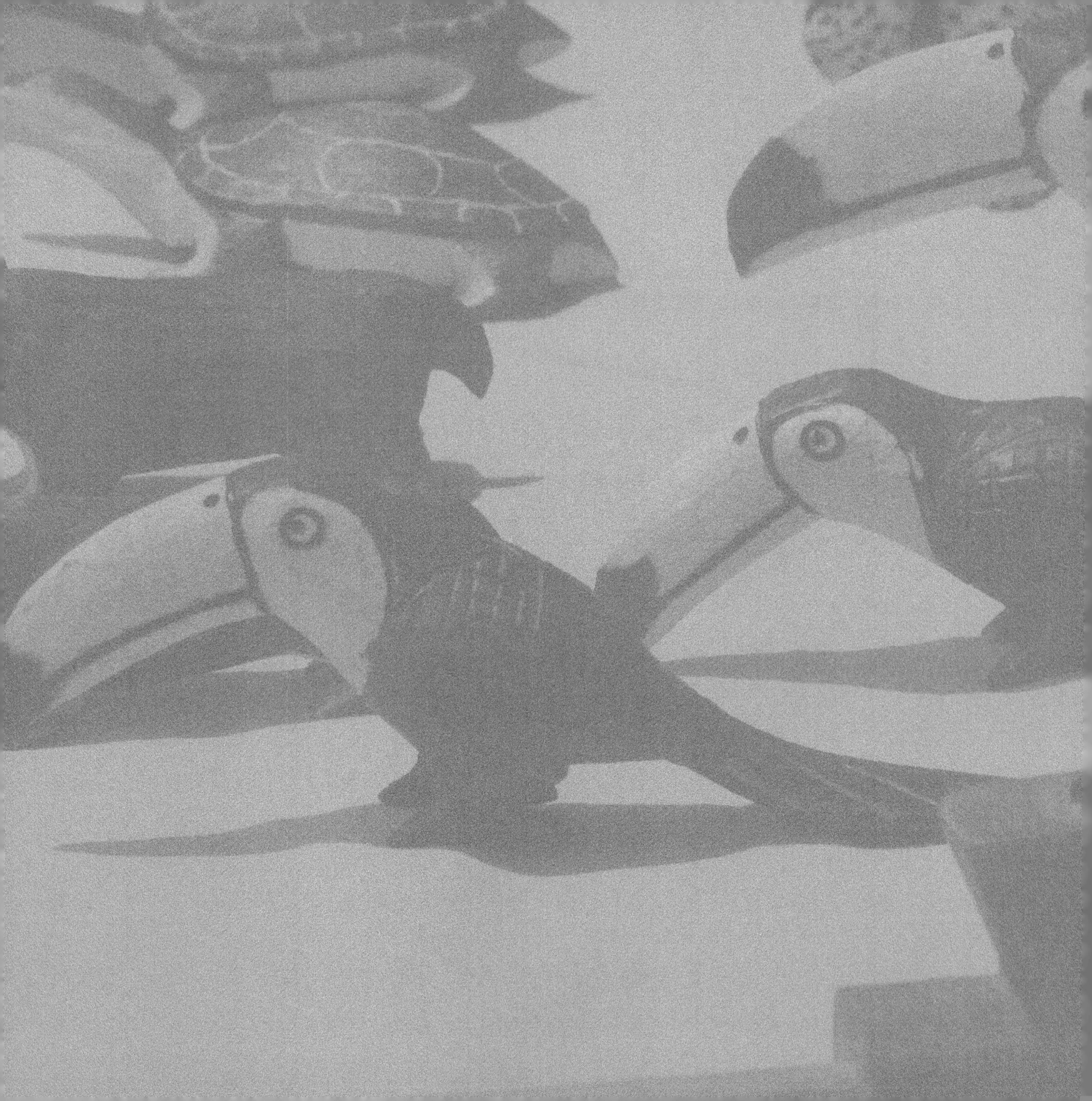

No Brasil, a preocupação com a preservação do patrimônio cultural por parte do governo nacional se estabeleceu na década de 1930, estando relacionada aos mesmos interesses observados na formação dos Estados nacionais europeus. Mais especificamente, nesse contexto, cabe destacar a Revolução Francesa, no século XVIII, momento no qual, como vimos anteriormente, havia o objetivo de "inventar" uma identidade nacional que, mediante a preservação de bens históricos, artísticos e arquitetônicos, promovesse a concepção do povo como parte de uma grande nação, cujas raízes estavam fundamentadas em uma herança comum que consolidava os valores do Iluminismo. Não foi sem motivo que no Brasil se buscava construir uma identidade nacional, em um período marcado por profundas crises institucionais que culminaram com o fim da República Velha, por meio da Revolução de 1930. Essa época foi repleta de incertezas políticas e sociais, associadas a todas as complicações econômicas advindas da guerra de dimensões mundiais que havia assolado a Europa.

O movimento de preservação do patrimônio histórico cultural, conforme argumentado por Fonseca (2005), nasceu de dois importantes fatos: por um lado, a preocupação de intelectuais modernistas, que, desde a década de 1920, passaram a denunciar o abandono das cidades históricas e a dilapidação das riquezas históricas do país, configurando-se perdas irreparáveis para a nação; por outro, a consolidação de uma política de preservação dos bens culturais nacionais instituída pelo governo brasileiro, com a instauração do Estado Novo, em 1937, resultado direto da Revolução de 1930.

3.1 Os modernistas e o Estado Novo

Importantes personalidades, advindas tanto do meio político como da esfera artística, contribuíram para a formação de uma mentalidade preservacionista. Essa mentalidade aos poucos foi se tornando notória, motivada pelo objetivo de se efetivar uma política de preservação do patrimônio cultural no Brasil. Basta nos lembrarmos da grande influência dos artistas modernistas, que procuraram promover um rompimento com a tradição europeia presente até então nas artes nacionais e que, segundo eles, havia influenciado as artes brasileiras desde a implantação da Escola de Belas Artes no Rio de Janeiro, exercendo sua força no período colonial. Para os modernistas, o Brasil precisava criar uma identidade nova, que partisse de sua própria manifestação cultural, a ser demonstrada pela liberdade criativa, vinculada às manifestações regionais, e não mais influenciada pela cultura europeia ditada por tanto tempo pela elite nacional. Como abordamos no capítulo anterior, o movimento liderado pelos artistas modernistas se materializou com a realização da Semana da Arte Moderna, na cidade de São Paulo, em 1922.

Nesse sentido, a intenção era valorizar as novas manifestações artísticas, em contraponto ao modelo clássico das escolas tradicionais europeias, abrindo espaço para os movimentos de vanguarda presentes na Europa e nos Estados Unidos e que no Brasil eram representados pelo movimento modernista. Ao lado desse desejo de renovação, também se buscava demonstrar que as manifestações artísticas do período colonial brasileiro, como o barroco e o rococó, faziam parte de uma típica expressão da cultura brasileira e da tradição nacional, pois correspondiam a um momento singular no qual a cultura se manifestava em sua originalidade (Veloso, 2007).

Nesse período, destaca-se Mário de Andrade, personalidade de grande importância no meio intelectual e artístico paulista e que serviu como elo entre os vários intelectuais de todo o país, ao divulgar suas ideias de valorização da cultura e da identidade nacional. Mário de Andrade teve contato com importantes personagens do movimento artístico modernista, como Lasar Segall, Tarsila do Amaral, Anita

Malfatti, Di Cavalcanti e Victor Brecheret, entre outros. Em sua trajetória, com o intuito de conhecer a cultura nacional, viajou por várias regiões do país, estudando a cultura local, pesquisando e catalogando todas as manifestações culturais encontradas, a exemplo de músicas, poesias, contos, lendas, festas e outras expressões da cultura popular. Conheceu cidades históricas de Minas Gerais, além do Amazonas e do nordeste brasileiro.

Mário de Andrade ocupou em 1935 a direção do Departamento de Cultura da Prefeitura de São Paulo e, em 1936, elaborou o anteprojeto do Serviço do Patrimônio Histórico e Artístico Nacional (Sphan), que deu origem ao atual Instituto do Patrimônio Histórico e Artístico Nacional (Iphan). Esse anteprojeto foi elaborado a pedido de Gustavo Capanema, que tinha a preocupação de preservar o patrimônio cultural brasileiro e que, na época, era ministro da Educação e Saúde no governo de Getúlio Vargas. O projeto, que veio a ser promulgado em 1937, ficou sob os cuidados de Rodrigo Melo Franco de Andrade. Naquele contexto, entendia-se que o país necessitava de uma base comum que pudesse unir a nação, conferindo identidade ao povo brasileiro – um sentimento de pertencimento à brasilidade. Tal panorama se incorporara aos interesses políticos após a Revolução de 1930 e fez emergir uma ideologia estatal cuja intenção era fortalecer os interesses do governo, o que se consolidou com a formação do Estado Novo nos anos que se seguiram.

Desde cedo, Mário de Andrade compreendia a importância da cultura e do patrimônio como legado da nação. Nesse sentido, o Estado deveria agir de forma integradora, gerindo a atividade cultural como política oficial. Assim, caberia a essa instituição o papel de figura central, criando políticas públicas voltadas à preservação do patrimônio histórico e cultural para a proteção de bens, monumentos e obras artísticas, entendidas como de relevância nacional.

Sob essa perspectiva, Mário de Andrade entendia que toda a população brasileira, de forma geral, deveria ter pleno acesso à cultura e que não somente os valores dos modernistas, representados na Semana de Arte Moderna, de 1922, mereciam destaque. Para ele, a cultura popular também precisava ser promovida e valorizada. Como exemplo disso, Santos (2012) aponta a criação da Discoteca Pública, cuja meta era ampliar as gravações de músicas tanto eruditas como folclóricas em São Paulo. É importante lembrar que, naquela época, as manifestações folclóricas, como músicas e danças populares, tendiam a ser desprezadas e coibidas por agentes políticos (Santos, 2012). Para Mário de Andrade, a sociedade brasileira deveria ser estimulada e transformada por meio da arte. A cultura popular em geral tinha de ser valorizada em suas múltiplas manifestações regionais, que ele bem havia conhecido quando de suas incursões pelas diversas regiões do país, em suas pesquisas de campo.

Segundo Márcia Chuva (2017, p. 104), "a construção de um patrimônio histórico e artístico nacional no Brasil pode, portanto, ser localizado historicamente nas décadas de 1930 e 1940". Para a autora, a ideia de *patrimônio nacional* se tornou tão natural que ainda hoje parece que sempre existiu. Mas, na realidade, trata-se de uma criação, idealizada inicialmente por intelectuais e artistas modernistas, que foi encampada pelo Estado após a Revolução de 1930, quando, então, representantes dessa vertente ocuparam departamentos estratégicos dentro da administração pública na área de educação e cultura. Esses mesmos atores promoverão a ideia de uma nação unida em sua cultura, cujas bases se manifestavam por meio de suas raízes coloniais, de produção regionalista, com grande ênfase no barroco do Estado de Minas Gerais. Tal originalidade, presente nas construções arquitetônicas mineiras, deveria ser considerada como símbolo da brasilidade, marca do nacionalismo de um país que adentrava a modernidade. Na época, a maior preocupação se direcionava aos chamados *monumentos históricos*, ou seja, prédios, edifícios, construções e igrejas que tinham sua relevância por apresentarem características entendidas como dignas de preservação, fosse pela beleza estética, fosse por sua importância histórica no contexto nacional.

3.2 A criação do Sphan e a preservação do patrimônio cultural nos anos subsequentes

Fonseca (2005) discorre sobre o anteprojeto de Mário de Andrade e sua importância para que o Sphan viesse a ser criado definitivamente por meio da promulgação da Lei n. 378, de 13 de janeiro de 1937. Segundo a autora, mesmo antes da criação desse projeto, já havia iniciativas de intelectuais e modernistas, como mencionamos, preocupados com o que diziam constituir uma grande ameaça de perda irrecuperável dos monumentos que compunham a arte brasileira do período colonial.

No entanto, a mobilização do Poder Público em face desses apelos surgiu, a princípio, por intermédio de governos estaduais, com a criação de Inspetorias Estaduais de Monumentos Históricos no Estado de Minas Gerais, em 1926; na Bahia, em 1927; e em Pernambuco, em 1928. No âmbito federal, a primeira iniciativa nesse sentido ocorreu mediante a promulgação do Decreto n. 22.928, de 12 de julho de 1933, que constituiu a cidade de Ouro Preto como monumento nacional (Fonseca, 2005).

O art. 148 da Constituição de 1934 representou o momento em que o Estado brasileiro passou a contar com uma proteção legal em relação à preservação do patrimônio histórico e artístico nacional. Esse artigo determinava: "Cabe à União, aos Estados e aos Municípios [...] proteger os objetos de interesse histórico e o patrimônio artístico do País" (Brasil, 1934). Com base nesse artigo constitucional, o Ministro Gustavo Capanema convidou Mário de Andrade a redigir o anteprojeto que sustentaria o cumprimento do preceito da lei federal com a criação do Sphan.

Ao redigir o anteprojeto, Mário de Andrade tinha um pensamento bastante divergente daquele que vigorava no governo varguista do Estado Novo, caracterizado por uma ditadura que valorizava o nacionalismo, fundamentado nos valores do culto à nação mediante os símbolos da pátria, alinhados ao catolicismo tradicional. O objetivo do projeto governista era demonstrar sua soberania por meio de um Estado nacional fortemente constituído. A proposta de Mário de Andrade, por outro lado, estava focada não na preservação de símbolos que representavam a pátria ou a cultura católica, tão presente desde o período colonial de herança religiosa portuguesa. Para ele, a preservação da cultura nacional encerrava um sentido mais amplo, devendo abarcar todo o conceito de produção de bens culturais, tanto daqueles valorizados pela classe tradicional erudita como daqueles de cunho mais popular, os quais envolviam lendas, superstições, hábitos, cantos e crendices populares (Sala, 1990).

Para se converter em projeto de lei, o anteprojeto de Mário de Andrade precisou ser modificado ao menos em dois importantes aspectos. O primeiro diz respeito ao fato de que ele não estava elaborado de modo a poder ser constituído segundo os preceitos legais. O segundo se refere à propriedade privada, pois o anteprojeto não contemplava adequadamente esse ponto tão importante. A eventual desapropriação de bens que viessem a ser declarados como de importância nacional acarretaria um dispêndio financeiro considerável ao Estado. Essas duas complicações foram resolvidas ao se estabelecer o projeto de lei, ajustando-se, por um lado, o anteprojeto conforme os ditames legais e instituindo-se, por outro, a possibilidade do tombamento, de maneira a assegurar ao Estado que pudesse adotar essa estratégia com vistas à preservação do bem sem a necessidade de desapropriação. Isso porque, no tombamento, o bem permaneceria sob a responsabilidade do particular. Essa conquista foi possibilitada com a promulgação da Constituição de 1934, a qual estabeleceu o conceito de *função social da propriedade*, impondo limites ao direito de propriedade (Fonseca, 2005).

Como mencionamos, o Sphan foi criado por meio da Lei n. 378/1937. A direção executiva desse órgão ficou sob os cuidados de Rodrigo Melo Franco de Andrade, que ocupou esse cargo até 1967. O Decreto-Lei n. 25, de 30 de novembro de 1937, regulamentou o campo de ação de proteção do Sphan, discriminando o que viria a ser constituído como patrimônio histórico e artístico nacional em seu art. 1º, como segue:

> Art. 1º Constitui o patrimônio histórico e artístico nacional o conjunto dos bens móveis e imóveis existentes no país e cuja conservação seja de interesse público, quer por sua vinculação a fatos memoráveis da história do Brasil, quer por seu excepcional valor arqueológico ou etnográfico, bibliográfico ou artístico. (Brasil, 1937)

Ao examinarmos o texto da lei, podemos observar que a legislação brasileira foi bastante ampla ao definir o que viria a ser designado como patrimônio histórico e artístico nacional. Essa definição abarcava os monumentos e as peças de arte delimitados em determinado período histórico de interesse. Além disso, o segundo artigo da mesma lei também equiparava a bens dignos de preservação, por meio de tombamento, os monumentos naturais, além de sítios e paisagens. Tais classificações de possíveis tombamentos representaram um grande avanço em relação às políticas de preservação que existiam em outros países na época (Tomaz, 2019).

No art. 4º, o Decreto-Lei n. 25/1937 previa o estabelecimento de quatro Livros do Tombo pertencentes ao Sphan, nos quais os bens tombados seriam inscritos: Livro do Tombo Arqueológico, Etnográfico e Paisagístico; Livro do Tombo Histórico; Livro do Tombo das Belas Artes; Livro do Tombo das Artes

Aplicadas (Brasil, 1937). Os arts. 5º e 6º determinavam que o tombamento dos bens pertencentes à União, aos estados e aos municípios se faria de ofício, por ordem do diretor do Sphan, e que o tombamento de bens que pertencessem a uma pessoa física ou jurídica de direito privado poderia ocorrer de forma voluntária ou compulsória, a depender do caso (Brasil, 1937).

A preocupação em esclarecer o que se entendia serem as oito categorias de arte e como estariam distribuídas nos quatro Livros do Tombo demonstra claramente como Mário de Andrade (autor do anteprojeto que deu origem ao Decreto-Lei n. 25/1937) detinha uma compreensão muito ampla e bastante avançada sobre os conceitos de arte e de história, superando até mesmo os serviços europeus de proteção vigentes àquela época. As oito categorias classificadas por Mário de Andrade, que deveriam ser preservadas e ser distribuídas entre os quatro livros, são as que seguem: arte arqueológica; arte ameríndia; arte popular; arte histórica; arte erudita nacional; arte erudita estrangeira; artes aplicadas nacionais; artes aplicadas estrangeiras (Fonseca, 2005).

Entretanto, Funari e Pelegrini (2006) lembram que, em virtude da grande influência e do propósito integrador do governo de Getúlio Vargas, com forte caráter nacionalista, a maioria dos bens tombados no território nacional eram imóveis com características ligadas ao período colonial, marcado por construções em estilo barroco, bem como palácios governamentais, nos estilos neoclássico e eclético. Essa escolha arquitetônica privilegiou o tombamento de bens pertencentes à elite nacional, relegando ao esquecimento os demais bens de viés popular. Os autores comentam ainda que a Constituição de 1946 contemplou uma preocupação maior com a proteção de documentos históricos e que a Carta Constitucional de 1967 incluiu novas categorias de bens que deveriam ser preservados, classificando como patrimônio jazidas e sítios arqueológicos, elementos que antes eram considerados apenas como locais de valor histórico (Pelegrini; Funari, 2008, p. 46-47).

Confirmando a declaração de Funari e Pelegrini (2006) sobre a preferência por tombamentos de construções do período colonial barroco, de caráter religioso, e construções governamentais neoclássicas, Fonseca (2005) apresenta uma relação do total de bens tombados pelo Sphan até o final de 1969: 803 bens, dos quais 368 eram de arquitetura religiosa, 289 de arquitetura civil e 43 de arquitetura militar, além de 46 conjuntos, 36 bens imóveis, 6 bens arqueológicos e 15 bens naturais.

3.3 A preservação do patrimônio cultural no Brasil a partir de 1970

Em 1946, o Sphan se tornou a Diretoria do Patrimônio Histórico e Artístico Nacional (Dphan). Na ocasião, foram criados distritos da diretoria em quatro capitais brasileiras – Recife, Salvador, Belo Horizonte e São Paulo –, por meio do Decreto-Lei n. 8.534, de 2 de janeiro de 1946. Posteriormente, por meio do Decreto n. 66.967, de 27 de julho de 1970, o Dphan passou a denominar-se Instituto do Patrimônio Histórico e Artístico Nacional (Iphan).

A década de 1970 foi marcada por um novo momento no que diz respeito às políticas de preservação do patrimônio histórico e artístico nacional. Em razão das crises enfrentadas pelo governo, bem como do endividamento externo, o governo federal diminuiu sua eficiência em relação às políticas públicas, inclusive em sua política de preservação do patrimônio artístico e cultural. Diante desse cenário, buscou-se desenvolver um modo de modernizar as práticas e políticas de preservação. Assim, os estados e os municípios foram convocados a também atuar em prol da preservação do patrimônio cultural. Para esse fim, em abril de 1970, foi assinado o Compromisso de Brasília, documento criado justamente para firmar esse propósito. As recomendações desse primeiro documento foram complementadas pelo Compromisso de Salvador, em outubro de 1971.

Por meio dessas iniciativas, a intenção era envolver estados e municípios em políticas de preservação do patrimônio cultural nacional, recomendando-lhes incluir nos currículos do ensino fundamental, médio e superior matérias relacionadas ao conhecimento e à preservação do patrimônio cultural em âmbito nacional, tais como a preservação de acervos históricos e artísticos, de jazidas arqueológicas, de riquezas naturais, bem como a cultura popular. As iniciativas buscavam cumprir determinações presentes no art. 23 do Decreto-Lei n. 25/1937, ou seja, realizar acordos entre a União e os estados para "melhor coordenação e desenvolvimento das atividades relativas à proteção do patrimônio histórico e artístico nacional e para a uniformização da legislação estadual complementar sobre o mesmo assunto" (Brasil, 1937).

Quanto à década de 1970, Paula Porta (2012) assevera que, nesse período, surgiram muitas discussões sobre a necessidade de uma maior atualização ou mesmo a ampliação do conceito de *patrimônio histórico nacional*, de modo a buscar abranger a totalidade da cultura brasileira. Como exemplo, a autora cita as culturas indígena, afro-brasileira e popular, assim como a inter-relação entre elas. Nessa direção, as criações do Centro Nacional de Referência Cultural (CNRC) e da Fundação Nacional Pró-Memória (FNPM) foram tentativas de se alcançar tal objetivo – meta proposta já no anteprojeto de Mário de Andrade. Essas entidades realizaram ações de pesquisa com o fim de preservar saberes e fazeres em seus aspectos tradicionais (Porta, 2012).

A FNPM foi criada em 1979 como resultado da incorporação do CNRC ao Iphan, que, nesse mesmo ano, passou a ser dividido em Sphan (Secretaria, atuando como órgão normativo) e FNPM (órgão executivo). Em 1990, a Sphan e o FNPM foram extintos, dando lugar ao Instituto Brasileiro do Patrimônio Cultural (IBPC). Em 1994, a Medida Provisória n. 752 acabou por transformar o IBPC em Instituto do Patrimônio Histórico e Artístico Nacional (Iphan), que é o nome atual do órgão do Estado responsável pela preservação do patrimônio histórico e artístico da nação.

A Constituição Federal de 1988 tem sido entendida como um marco de modernização no que diz respeito à política de preservação do patrimônio cultural no Brasil. A Lei Maior apresentou três importantes inovações. A primeira se refere à ampliação do conceito de patrimônio, que passou a abarcar tanto o conceito de bens de natureza material como os de natureza imaterial. No conceito de imaterialidade, conforme o art. 216 da Constituição de 1988, destacam-se: formas de expressão, modos de criar, fazer e viver, criações científicas, artísticas e tecnológicas. A segunda inovação se vincula à responsabilidade na preservação do patrimônio cultural. Antes restrita à União, aos estados e aos municípios, por meio de seus órgãos competentes, tal responsabilidade passou a ser da comunidade, no apoio às políticas destinadas. Por fim, a terceira diz respeito à iniciativa de não apontar o tombamento como principal meio de proteção.

Com relação aos últimos dois aspectos citados, o art. 216 da Constituição de 1988, em seu primeiro parágrafo, determina: "O Poder Público, com a colaboração da comunidade, promoverá e protegerá o patrimônio cultural brasileiro, por meio de inventários, registros, vigilância, tombamento e desapropriação, e de outras formas de acautelamento e preservação" (Brasil, 1988).

Como bem explanado por Porta (2012), em virtude dos desmontes das instituições federais relacionados à cultura nos anos 1990, essas importantes iniciativas constitucionais só passaram a produzir ações efetivas uma década depois, com a promulgação do Decreto n. 3.551, de 4 de agosto de 2000, que instituiu o Registro de Bens Culturais de Natureza Imaterial, dando início às primeiras ações de inventário e registro em 2002, e o Programa Nacional do Patrimônio Imaterial (PNPI), em 2004, que disponibilizou recursos para a preservação, o apoio e o fomento ao patrimônio imaterial.

3.4 O Iphan e a preservação de obras de arte

Uma das primeiras iniciativas tomadas em decorrência da necessidade de proteger as obras de arte no Brasil está presente na Constituição de 1934, em seu art. 10, que responsabilizava a União, em concorrência com os estados brasileiros, por proteger os monumentos de valor histórico ou artístico nacionais, podendo até mesmo impedir a evasão de tais obras (Brasil, 1934). Essa preocupação era legítima para que obras de arte brasileiras, reconhecidas como de valor histórico e artístico, não fossem vendidas ou, até mesmo, contrabandeadas para outros países, o que acabaria por esvaziar o Brasil de suas riquezas culturais. Ainda com vistas a proteger e controlar as saídas de obras de arte do Brasil, em 1965 foi criada a Lei n. 4.845, que proibiu o despacho de obras de artes brasileiras que tivessem sido produzidas até o final do período monárquico. Ou seja, havia uma evidente preocupação do Estado brasileiro com o considerável volume de obras que estavam sendo comercializados para fora do país nesse período. Muitas delas eram de importante valor histórico e artístico para a cultura nacional, razão pela qual se entendia que deveriam permanecer no país, ainda que pertencessem a particulares.

Como já observado em outro momento, o Iphan, desde sua criação, demonstrou grande preocupação com a salvaguarda da herança colonial brasileira, dando prioridade à proteção de edificações e conjuntos urbanos daquele período. Isso é compreensível porque, como denunciado por intelectuais modernistas desde a década de 1920, o abandono das cidades históricas constituía-se em uma perda irreparável das riquezas e da memória histórica e cultural da nação. A partir dessa iniciativa, muitos edifícios da época e cidades históricas foram tombados, principalmente nos primeiros anos de fundação do Iphan até 1945. Nesse contexto, destacaram-se a arte barroca e o rococó, que estavam presentes nas decorações externa e interna das igrejas católicas em todo o país.

No que tange à grande variedade de arte sacra no Brasil, muitas obras do período colonial foram inventariadas e eventualmente tombadas pelo Iphan. Entre elas, podemos citar algumas esculturas, tais como: o Cristo que compõe o acervo do Museu das Missões, em São Miguel das Missões, no Rio Grande do Sul; uma coleção com 16 imagens esculpidas em madeira, representando a morte de Nossa Senhora na Capela de São José, em Canguaretama, no Rio Grande do Norte; imagens esculpidas em madeira da Madona da Conceição e de Jesus Ressuscitado, em São José de Mipibu, no mesmo estado; o forro da capela-mor da Igreja Matriz de São José de Ribamar, construída no século XVIII, no Ceará (Iphan, 2022a).

Ainda quanto às esculturas, podemos mencionar as obras do mestre Aleijadinho, de excepcional talento, um verdadeiro tesouro das esculturas pertencentes ao período barroco tombadas pelo patrimônio histórico. Além das cinco esculturas tombadas individualmente até 2008 (Quirico, 2008), foi feito o tombamento em conjunto do Santuário do Bom Jesus de Matosinhos, em Congonhas, no Estado de Minas Gerais, inscrito no Livro do Tombo de Belas Artes do Iphan em 1939, sendo considerado como patrimônio mundial pela Organização das Nações Unidas para a Educação, a Ciência e a Cultura (Unesco) no ano de 1985. Esse conjunto engloba uma igreja, com seu interior em estilo rococó, além de seis capelas colocadas lado a lado, ilustrando a Via Crucis. Há também uma escadaria externa decorada com estátuas de 12 profetas do Velho Testamento esculpidas em pedra-sabão por Aleijadinho por volta do ano de 1800 (Iphan, 2022d).

Entre algumas das importantes obras de arte de valor histórico e artístico tombadas pelo Iphan e que datam do período imperial, podemos novamente citar *Primeira missa no Brasil* (1861), de Victor Meirelles. Ela faz parte do acervo do Museu Nacional de Belas Artes, no Rio de Janeiro, e representa a primeira missa celebrada em terras brasileiras, tendo sido pintada com base nos relatos de Pero Vaz de Caminha. Também é importante mencionar o quadro *O grito do Ipiranga* (1888), de Pedro Américo, pintado a pedido da família real para que fizesse parte do Museu do Ipiranga – atual Museu Paulista. Esse quadro integra

Figura 3.1 – Museu de Arte de São Paulo (Masp)

Fred S. Pinheiro/Shutterstock

o acervo do museu tombado em 1938. Trata-se de uma obra de grande importância histórica e que representa a cena de Dom Pedro I proclamando a independência do Brasil.

Com relação às artes plásticas modernistas tombadas pelo Iphan, podemos citar as pinturas que se encontram nas coleções presentes nos acervos do Museu de Arte de São Paulo (Masp) (Figura 3.1). Fundado em 1947 por Assis Chateaubriand, este foi o primeiro museu moderno no país, uma instituição de iniciativa privada e sem fins lucrativos. Algumas pinturas modernistas podem ser vistas no Museu de Arte Contemporânea da Universidade de São Paulo (MAC-USP), criado em 1963. Nele estão as coleções do casal de mecenas Yolanda Penteado e Ciccillo Matarazzo, além das coleções de obras do antigo Museu de Arte Moderna de São Paulo (MAM) e dos prêmios das bienais de São Paulo até 1961. Além dessas peças, como obras modernistas, também podemos mencionar os 14 quadros da Via Sacra pintados por Cândido Portinari, presentes na Igreja Matriz do Bom Jesus da Cana Verde, em Batatais, no Estado de São Paulo, tombados pelo Iphan em 1974.

No Rio de Janeiro, podemos citar as artes plásticas modernistas tombadas pelo Iphan que se encontram nas coleções presentes nos acervos do Museu da Chácara do Céu e do Museu do Açude, que juntos integram os Museus Castro Maya. Essas instituições tiveram origem na coleção pessoal do empresário Raymundo Ottoni de Castro Maya, a qual se configurava, em grande parte, como herança de família.

Quanto às obras de arte de período mais recente da cultura nacional e que possuem valor de excepcionalidade, há uma crítica no sentido de que deve haver maior controle sobre elas, a fim de que não sejam comercializadas para particulares ou mesmo organizações museológicas estrangeiras, evitando-se, dessa forma, que saiam do território nacional. Dois casos emblemáticos podem ser citados aqui: o quadro *Abaporu*, de Tarsila do Amaral, obra que representa o movimento antropofágico brasileiro e que hoje pertence ao Museu de Arte Latinoamericano de Buenos Aires (Malba); e a Coleção Adolpho Leirner, uma das maiores coleções de arte construtivista brasileira, que foi vendida ao Museum of Fine Arts, de Houston, em 2007 (Quirico, 2008). Tais obras, e muitas outras de excepcionalidade, deveriam permanecer no Brasil, estando disponíveis para a visitação do público nacional, por se configurarem como patrimônio cultural do país.

Síntese

Como vimos neste capítulo, desde a década de 1920, o governo brasileiro tem criado leis e órgãos próprios para promover a preservação do patrimônio histórico, artístico e cultural em suas fronteiras. A princípio, isso ocorreu pela iniciativa dos próprios intelectuais e artistas modernistas, que se mobilizaram para que houvesse uma ação efetiva do Estado.

Durante todo esse trajeto temporal até nossos dias, diversas leis foram criadas, e muitas políticas de preservação foram instituídas. Infelizmente, no início, havia a preocupação de preservar apenas obras e monumentos das elites nacionais, bem como obras arquitetônicas do Estado e da cultura religiosa católica, desprezando-se as demais manifestações culturais do país.

Com o passar do tempo, e graças a um alargamento do conceito do que seria considerado patrimônio cultural, uma atenção maior foi dada a outras formas de manifestação próprias da cultura popular brasileira. O conceito de patrimônio cultural imaterial permitiu que até mesmo lendas, danças e outras formas de manifestação cultural e religiosa passassem a ser também consideradas como patrimônio cultural da nação, devendo ser estimuladas e preservadas.

Ainda há muito a ser feito em relação a esse tema para que o Brasil possa ser, de fato, uma nação que preserva seus bens e sua cultura, valorizando, assim, o que tem de mais precioso.

Atividades de autoavaliação

1. A preocupação com a preservação do patrimônio cultural no Brasil teve origem em dois importantes fatos. Assinale a alternativa que apresenta esses eventos:
    a) A preocupação de intelectuais modernistas, que, desde os anos 1930, passaram a denunciar o abandono das cidades históricas e das riquezas históricas do país; e a consolidação de uma política de preservação dos bens culturais nacionais instituída pelo governo brasileiro.
    b) A preocupação de intelectuais e políticos, que, desde os anos 1910, passaram a denunciar o abandono das cidades históricas e das riquezas históricas do país; e a consolidação de uma política de preservação dos bens culturais nacionais instituída pelo governo brasileiro.
    c) A preocupação da população em geral, que desde os anos 1920 passou a denunciar o abandono das cidades históricas e das riquezas históricas do país; a consolidação de uma política de preservação dos bens culturais nacionais instituída pelo governo dos estados de São Paulo e Rio de Janeiro.
    d) A preocupação de intelectuais modernistas, que, desde os anos 1920, passaram a restaurar as cidades históricas e a cultura nacional; e a consolidação de uma política de preservação dos bens culturais internacionais instituída pelo governo brasileiro.
    e) A preocupação de intelectuais modernistas, que, desde os anos 1920, passaram a denunciar o abandono das cidades históricas e a dilapidação das riquezas históricas do país; e a consolidação de uma política de preservação dos bens culturais nacionais instituída pelo governo brasileiro.

2. Assinale a alternativa verdadeira a respeito do movimento modernista:
    a) Pelo viés modernista, o barroco e o rococó não representavam a cultura brasileira, pois nesses estilos não havia nenhuma originalidade, sendo apenas fruto da influência europeia.
    b) Buscava valorizar as novas manifestações artísticas, em contraponto ao modelo clássico das escolas tradicionais brasileiras, dando espaço aos movimentos de vanguarda presentes na América Latina.
    c) O movimento modernista julgava que as manifestações artísticas presentes no período colonial brasileiro, como o barroco e o rococó, faziam parte de uma típica expressão da cultura brasileira e da tradição nacional.

d) O barroco e o neoclassicismo representaram um momento singular no qual a cultura brasileira se manifestou em sua criatividade.
e) No modernismo, acreditava-se que as manifestações arquitetônicas presentes no período contemporâneo brasileiro, como o barroco e o rococó, faziam parte de uma típica expressão da cultura brasileira e da tradição nacional.

3. Com base nos estudos deste capítulo, assinale a alternativa **incorreta**:
   a) Mário de Andrade, personalidade de grande importância no meio intelectual e artístico paulista, serviu como elo entre vários intelectuais de todo o país ao divulgar suas ideias de valorização da cultura e da identidade nacional.
   b) Mário de Andrade, com o intuito de conhecer a cultura nacional, viajou por várias regiões do país, estudando a cultura local, pesquisando e catalogando todas as manifestações culturais que pudesse encontrar, como músicas, poesias, contos, lendas, festas e outras expressões da cultura popular.
   c) Mário de Andrade ocupou, em 1935, a direção do Departamento de Cultura da Prefeitura de São Paulo e, em 1936, elaborou o anteprojeto do Serviço do Patrimônio Histórico e Artístico Nacional (Sphan), que deu origem ao atual Instituto do Patrimônio Histórico e Artístico Nacional (Iphan).
   d) Mário de Andrade tinha uma posição elitista e entendia que a população brasileira, de forma geral, não deveria ter pleno acesso à cultura. Para ele, somente os valores dos modernistas, representados na Semana da Arte Moderna de 1922, deveriam ser destacados.
   e) Para Mário de Andrade, a sociedade brasileira deveria ser estimulada e transformada por meio da arte. A cultura popular, em geral, tinha de ser valorizada em suas múltiplas manifestações regionais, o que ele corroborou com a própria vivência em incursões por diversas regiões do país.

4. O art. 148 da Constituição de 1934 marcou o momento em que o Estado brasileiro firmou uma proteção legal em relação à preservação do patrimônio histórico e artístico nacional. A partir desse momento:
   a) somente à União cabia proteger os objetos de interesse histórico e o patrimônio artístico do país, independentemente de estados e municípios.

b) a proteção dos objetos de interesse histórico e do patrimônio artístico do país ficou sob a tutela dos estados e dos municípios, que deveriam intervir quando houvesse qualquer manifestação de desrespeito contra memória nacional.
c) a responsabilidade de proteger os objetos de interesse histórico e o patrimônio artístico do país passou a ser dos três entes federativos: União, estados e municípios.
d) a responsabilidade de proteger os objetos de interesse folclórico e paisagístico do país ficou a cargo dos três entes federativos: União, estados e municípios.
e) somente a União e os estados ficaram responsáveis por proteger os objetos de interesse histórico e o patrimônio artístico do país, sendo vedada a participação dos municípios.

5. Uma das primeiras iniciativas tomadas em razão da proteção das obras de arte no Brasil:
   a) está presente na Constituição de 1934, em seu art. 15, que responsabilizava a União, em concorrência com os estados brasileiros, por proteger os monumentos de valor histórico ou artístico nacionais, podendo até mesmo impedir a evasão de obras de arte.
   b) está presente na Constituição de 1964, em seu art. 11, que responsabilizava a União, em concorrência com os estados brasileiros, por proteger os monumentos de valor histórico ou artístico nacionais, podendo até mesmo impedir a evasão de obras de arte.
   c) está presente na Constituição de 1934, em seu art. 10, que responsabilizava a União, em concorrência com os estados e municípios brasileiros, por proteger os monumentos de valor artístico nacionais, podendo até mesmo impedir a evasão de obras de arte.
   d) está presente na Constituição de 1934, em seu art. 10, que responsabilizava a União, em concorrência com os estados brasileiros, por proteger os monumentos de valor histórico ou artístico nacionais, podendo até mesmo impedir a evasão de obras de arte.
   e) está presente na Constituição de 1922, em seu art. 10, que responsabilizava a União, em concorrência com os estados e municípios brasileiros, por proteger os monumentos de valor histórico ou artístico nacionais, podendo até mesmo impedir a evasão de obras de arte.

Atividades de aprendizagem

Questões para reflexão

1. O Decreto-Lei n. 25, de 30 de novembro de 1937, prevê, em seu art. 4º, o estabelecimento de quatro Livros do Tombo pertencentes ao Serviço do Patrimônio Histórico e Artístico Nacional (Sphan). Você sabe para que servem esses livros e como eles devem ser utilizados?

2. Os anos 1970 foram marcados por um novo momento no que diz respeito às políticas de preservação do patrimônio histórico e artístico nacional. Com o Compromisso de Brasília e o Compromisso de Salvador, buscou-se instaurar novas práticas e políticas de preservação. Faça uma breve pesquisa na internet para conhecer algumas dessas iniciativas.

Atividade aplicada: prática

1. O quadro *O grito do Ipiranga*, pintado por Pedro Américo em 1888, é uma importante obra de arte que se encontra no Museu do Ipiranga, atual Museu Paulista. Faz parte do acervo do museu tombado em 1938 e representa a cena de Dom Pedro I proclamando a independência do Brasil. Faça uma pesquisa na internet e descreva os detalhes da pintura. Em seu texto, explique de que modo ela foi idealizada pelo artista.

4

Colecionismo e antiquário: a arte de guardar objetos

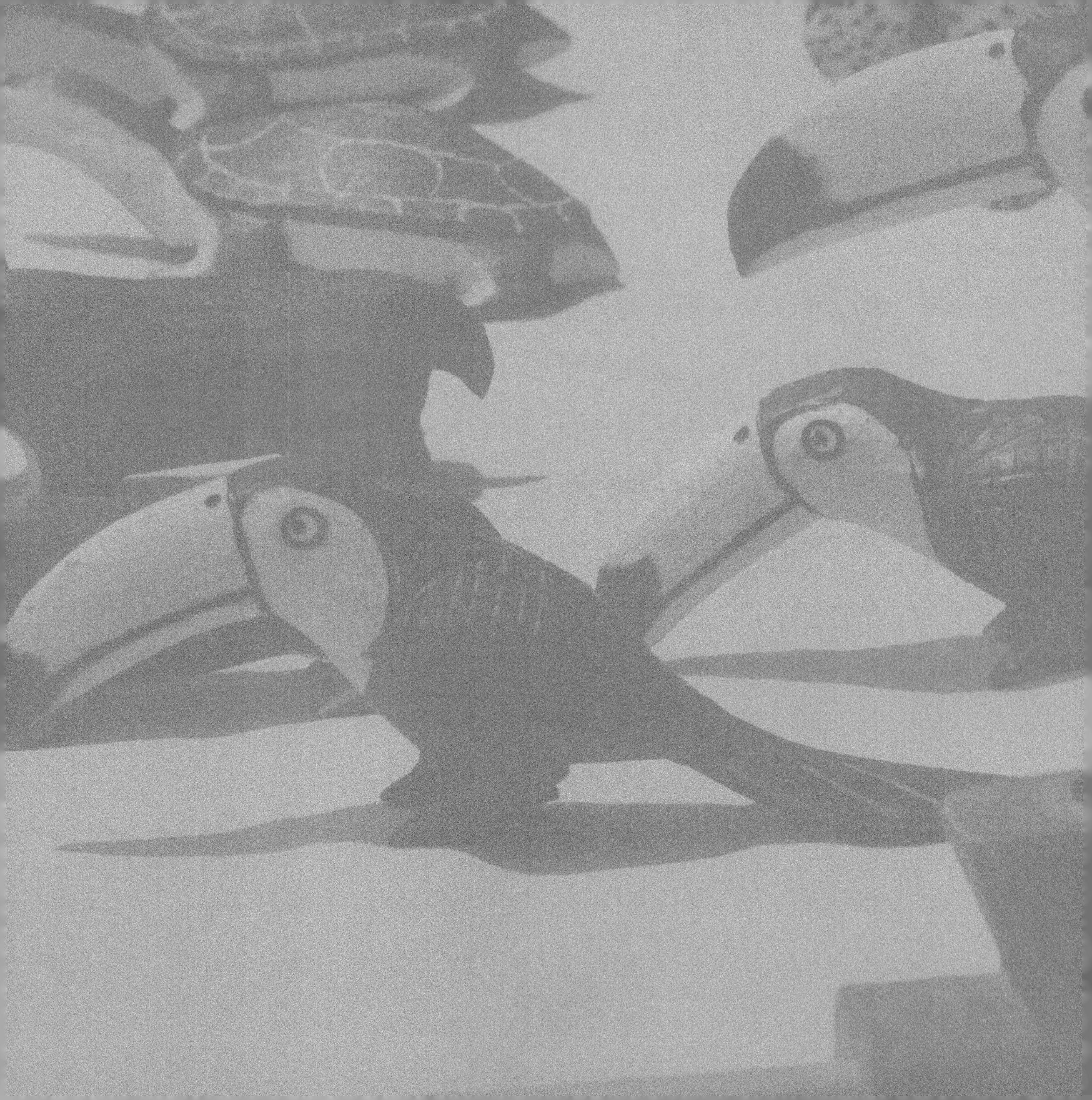

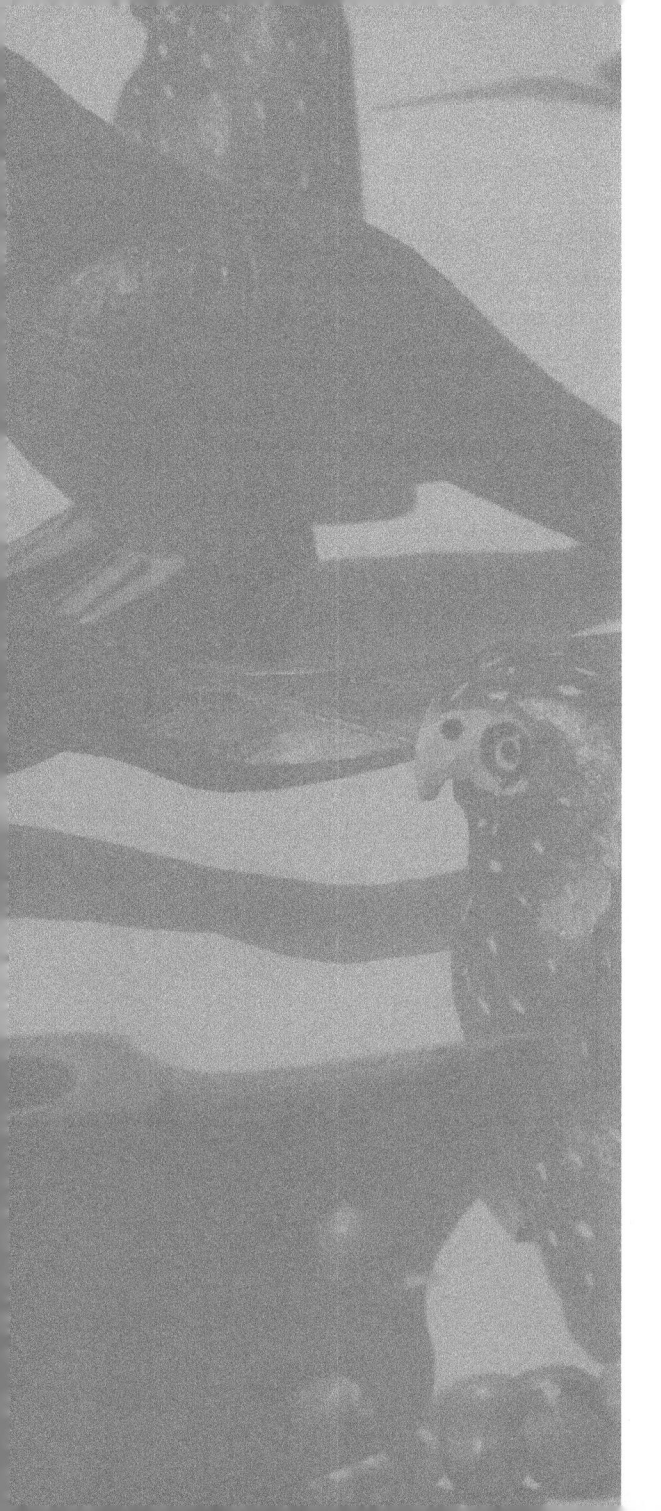

"**É** coisas que não dá pra vender, é um negócio pra colecionar pra vida inteira". Esse é o nome de um artigo escrito por Clovis Carvalho Britto, Jean Costa Souza e Laís Moura Silva (2018) que busca reproduzir as palavras do proprietário de um antiquário comercial instalado na periferia de Aracaju, em Sergipe. Em sua pesquisa, os autores procuraram entender os significados culturais e sociais de uma loja de antiguidades em um bairro de uma ocupação na periferia daquela cidade. Assim, a intenção foi traçar as relações que o proprietário-vendedor desse antiquário estabelece com os objetos, sejam "antiguidades", sejam "velharias", presentes em sua loja. Nesse trabalho, os autores observaram como é feita a distinção de cada peça pelo proprietário no que se refere a valor, preço e raridade: as "velharias" não teriam importância histórica, diferente das "antiguidades", que encerrariam um significado (Britto; Souza; Silva, 2018).

Mas, afinal, qual seria a importância de um objeto antigo? Por que alguém se disporia a vender, comprar ou guardar um objeto com pouca utilidade? Tais questões devem guiar um estudo acerca do que seria colecionismo ou antiquário, e é desse assunto que trataremos neste capítulo.

4.1 Do antiquário ao colecionismo

Quando demos início à discussão referente ao conceito de patrimônio cultural, abordamos brevemente a importância durante o Renascimento dos estudos e da prática antiquária, isto é, da prática de estudar a história utilizando-se de objetos, o que difere do sentido moderno de *antiquário* como uma loja de antiguidades, como no caso apresentado pelos autores recém-mencionados. Funari e Pelegrini (2006) definem esse processo como uma iniciativa que partia da coleta e catalogação de objetos, moedas, inscrições em pedra, estátuas de metal e mármore, vasos de cerâmica e outros objetos. Por seu turno, Momigliano (2004, p. 107) comenta que o objetivo desses antiquários era buscar compreender o passado por meio de objetos, e não por meio de textos escritos por historiadores clássicos. Dessa maneira, a prática antiquária está vinculada a uma espécie de colecionismo que, para além de ajuntar objetos, também objetiva compreender por meio deles algo mais profundo sobre a realidade, a história e a cultura dos povos que não estão mais ao alcance.

Contudo, a prática de fazer coleções transcende a pesquisa antiquária e estende-se para outras formas. Na realidade, esse ato de colecionar objetos parece ser uma prática muito comum e antiga da humanidade. Nesse sentido, existem vestígios da acumulação de garras de águias em tempos remotos, havendo aparentemente uma razão simbólica para isso (Radovčić et al., 2015). Da mesma forma, Pomian (1984, p. 56) aponta o hábito dos chineses de enterrar seus mortos em tumbas e cercados de objetos também como uma forma de acumulação e de coleção. Mas talvez o lugar em que o ato de colecionar na Antiguidade fique mais evidente diga respeito à tradição romana de acumular despojos de guerra – prática comum entre os generais romanos (Pomian, 1984). Tais exemplos revelam a ligação entre os processos culturais e os processos de acumulação de bens. De todo modo, um estudo da história do antiquário e do colecionismo se constitui em um bom ponto de partida para compreender o fenômeno da acumulação e da exposição de objetos.

O que seria, então, colecionar? Responder a essa pergunta é importante porque pretendemos analisar o desenvolvimento histórico do colecionismo e do antiquário. Para Francisco Marshall (2005), o colecionismo estaria vinculado à raiz etimológica do termo *colecionar*, que teria derivado do vocábulo latino *collectio*, cuja raiz semântica teria sua origem há mais de 4 mil anos, sendo uma das poucas conhecidas do tronco protoindo-europeu.

Marshall (2005) explica que a raiz desse termo, quando aparece no grego clássico, apresenta o sentido linguístico de "uma relação entre pôr em ordem – raciocinar – (*logeín*) e discursar (*legeín*), onde o sentido de falar é derivado do de coletar: a razão se faz como discurso" (Marshall, 2005, p. 15). Nessa direção, o autor argumenta que o ato de falar seria uma espécie de coleção. Mas essa relação filológica se estende ainda mais, visto que Marshall passa a elencar outras palavras que também teriam origem nessa raiz, entre as quais podemos destacar: *colega, colégio, coleta, coleção, colheita, eleger, inteligência, seleção* (Marshall, 2005).

Esse apontamento é importante porque revela no interior desses outros termos um sentido ordenador e racionalizador. Assim, a própria ideia de colecionar acaba sendo ampliada. Esta parece ser a razão pela qual Marshall (2005), em sua pesquisa, observa que o ato de colecionar vai além de juntar objetos, assumindo o papel de catalogar as ideias. Desse modo, concluímos que a humanidade já colecionava mesmo antes da existência do antiquário, sendo que desde os primeiros ajuntamentos humanos se fez necessário colecionar sons e catalogar animais, plantas, objetos e espaços a fim de se sobreviver no mundo. Essa atitude colecionadora se modificou em parte quando teve início a vida urbana, na qual a coleta passou a ser focada na construção de ideias e culturas e na transmissão de conhecimentos para as gerações seguintes (Marshall, 2005).

Diante do exposto, Marshall (2005, p. 14) afirma que "a relevância trans-histórica do procedimento colecionista faz com que ele assuma diferentes formas em cada momento histórico". A análise do autor apresenta um ponto muito importante para iniciar a discussão sobre o que é o colecionismo: o processo de catalogar para conhecer e manter aceso o conhecimento de fatos, objetos, acontecimentos e processos culturais presentes para a coletividade.

A visão de coleção proposta por Marshall (2005) fornece uma dimensão ampla a respeito do sentido de *colecionismo*, ou seja, não apenas objetos são colecionáveis, mas também palavras, sons e acontecimentos. Essa perspectiva se distancia tanto da observação apresentada por Funari e Pelegrini (2006) como da de Momigliano (2004) quanto ao que seria a pesquisa antiquária, tendo em vista que, como já mostrado, esta se daria apenas em relação a determinada coleção de objetos. Entretanto, os demais autores mencionados até aqui concordam que o ato de desenvolver uma coleção envolve a prática de catalogar e ordenar aquilo que foi colecionado, sendo objetos ou não.

Mas essa forma de observar as coleções não é a única possível. Isso porque a ânsia por catalogar e ordenar é visível em todos os tipos de coleção. Pomian (1984), por exemplo, apresenta as coleções desenvolvidas nos templos gregos, as quais se estruturavam por meio da doação de objetos para os deuses e os locais sagrados. Assim, os objetos oferecidos tinham sua usabilidade cessada e passavam a servir apenas para serem observados por aqueles que fossem visitar os templos (Pomian, 1984). Com base no estudo de outros historiadores acerca de tais coleções, Susan M. Pearce (1995) afirma que esse ajuntamento de objetos nos templos gregos tinha a intenção de deixar claro o sistema hierárquico da sociedade, bem como sua ligação social com os deuses. Nesse sentido, o poder sagrado ganhava poder material mediante o congelamento de objetos de valor que não poderiam mais ser modificados (Pearce, 1995).

O caso exposto não é o único em que objetos foram colecionados pelo poder espiritual durante o desenvolvimento das civilizações. O mesmo processo se estabeleceu no domínio da fé cristã pela Igreja Católica no mundo europeu. Isso fica claro quando se observa a importância que as relíquias sagradas dos santos assumiram dentro do contexto medieval. Tais relíquias eram, na realidade, objetos que supostamente teriam pertencido a alguns dos santos da Igreja. Por esse motivo, detinham algum poder espiritual perante a humanidade, santificando o lugar para os quais eram levadas. Elas eram depositadas em igrejas e abadias e, depois disso, não poderiam ser mais retiradas, podendo ser expostas aos fiéis em datas comemorativas (Pomian, 1984). As relíquias ganhavam, assim, uma fundamental importância, porque nelas a esfera mundana da vida estava em relação com a celestial. Ou seja, as relíquias serviam como documentos da existência de uma dimensão sagrada e divina que estava separada da vida cotidiana, mas que poderia afetá-la (Pearce, 1995).

Fato é que, se quisermos continuar estudando a respeito do desenvolvimento histórico tanto do antiquário quanto do colecionismo em suas mais diferentes formas, precisaremos restringir um pouco o sentido de *coleção* e considerar apenas aquele que abrange coisas físicas, como objetos cotidianos, obras de arte, estátuas e materiais rituais. Isso porque, como bem pontua Pearce (1995), os objetos se distinguem das palavras, dado que, pelo seu caráter material, sempre detêm um vínculo intrínseco com o contexto de onde vieram. Este talvez possa ser o ponto que une o colecionismo e o antiquário como modo de pesquisa acadêmica. Tal afirmação se justifica pelo fato de que os antiquários, ao menos os do século XVI, distinguiam-se dos historiadores de sua época pois se debruçavam sobre objetos antigos, e não sobre textos ou relatos de historiadores do passado. Assim, julgavam que suas pesquisas não estariam enviesadas e que seus itens falavam pelas épocas longínquas (Momigliano, 2004).

Os antiquários se julgavam como pertencentes de uma longa tradição que, desde o início, não tinha seus membros contados entre os historiadores. Como ressalta Momigliano (2004), isso se explica porque já na Grécia Antiga os historiadores estavam focados em pesquisar a respeito de temas políticos, do desenvolvimento de guerras e dos acontecimentos contemporâneos. Por seu turno, os interesses dos antiquários estavam direcionados ao estudo de seus objetos por meio de temas, na busca por fazer uma sistematização vinculada ao processo que hoje chamaríamos de *cultural*. Eles visavam acrescentar à observação da Antiguidade informações quanto às instituições, aos costumes e aos cultos das civilizações de que seus objetos provinham (Momigliano, 2004).

Dessa forma, a pesquisa antiquária ainda tinha como principal ponto de distinção da pesquisa histórica tradicional da época o caráter sistêmico e não necessariamente cronológico (Momigliano, 2004). Isso é de vital importância para nosso estudo acerca da história do colecionismo, visto que aproxima essa forma de estudo da filosofia. Momigliano (2004) ressalta que o caráter sistêmico e temático dos antiquários se combinava ao próprio processo de construção de perguntas e ideias no âmbito da filosofia. Portanto, existe nos antiquários uma proximidade com o colecionismo, com a filosofia e com as formas de estudo marcadas pela **sistematização**. Tal conexão não se restringiu somente à Antiguidade. Esse panorama pode ser observado, como Philipp Blom (2003) descreve, no entusiasmo dos colecionistas do século XVI, os quais se viam como continuadores do trabalho iniciado por Aristóteles, no sentido de catalogar e descrever todas as espécies animais existentes no mundo, algo que só era possível porque os personagens dessa época estavam diante de espécies vindas da América, a que os filósofos antigos jamais tiveram acesso (Blom, 2003). Entretanto, não se pode dizer que tal ligação tenha se mantido durante todo o processo de desenvolvimento da pesquisa antiquária. Momigliano (2004) destaca que, no período do século XV, os antiquários passaram a imprimir em seus textos muitas convicções políticas e filosóficas, o que tornou o debate difuso. Porém, tal relação foi novamente resgatada durante o século XVI, época em que os antiquários viam a si mesmos como aqueles que aplicavam com os objetos os métodos empíricos de Galileu para fazer pesquisa (Momigliano, 2004).

4.2 O colecionismo do século XVI ao século XX

Uma melhor organização do colecionismo nos períodos posteriores ao século XV é a apontada por Leonardo Renault e Carlos Araújo (2015), que propõem a separação da história do colecionismo em três momentos distintos: Renascimento, Iluminismo e contemporâneo. Essa separação é bem interessante e pode ser muito frutífera para nossa reflexão, uma vez que, ao cruzá-la com os próprios estudos de Momigliano (2004), pode-se obter uma visão mais completa de como ocorreu o declínio do antiquário como forma de pesquisa e, ainda, de como este se reabilitou em outras formas posteriores de estudo. Nesse contexto, é válido lançar mão dos estudos feitos por Susan M. Pearce sobre o colecionismo europeu. A autora divide o período que vai desde o século XVI até a contemporaneidade em três momentos: "Early Modern, Classic Modern e Post-Modern" (Pearce, 1995, p. 55). Na perspectiva dela, e também para nós, tais períodos estariam todos vinculados pela existência de certo pensamento moderno, que teria influenciado a maneira como se dava a ação de colecionar objetos.

De qualquer modo, é possível observar que o colecionismo desenvolvido durante os períodos dos séculos XVI e XVII tem uma marca que o distingue dos demais. Ele surgiu em um período de transição relacionado à forma como as sociedades europeias viam o mundo. Nessa direção, Philipp Blom (2003) aponta **três grandes mudanças** que ocorreram durante esse tempo e que tiveram impactos sobre o colecionismo. A primeira delas se refere à chegada de novos objetos nunca vistos, os quais proporcionaram novas descobertas para as ciências que também eram nascentes. Isso, por sua vez, acarretou novas perguntas que não podiam ser respondidas apenas com os conhecimentos teológicos e filosóficos até então produzidos (Blom, 2003). Assim, havia um solo frutífero para o conhecimento e para a construção de ideias inovadoras.

Neste ponto, é interessante retomar o pensamento de Momigliano (2004) acerca dos colecionistas dessa época, que se entendiam como aplicadores das técnicas de Galileu, isto é, eles viam a si mesmos como produtores de um conhecimento sobretudo empírico e revolucionário. Novamente, assim como no início da pesquisa antiquária, foram o colecionismo e o estudo de objetos que permitiram encontrar novas perguntas e respostas para contribuir com o avanço da filosofia e do conhecimento humano. Um exemplo disso se encontra na observação de que nesse período surgiram os precursores das técnicas de estudo da história da arte. Thomas Kaufmann (2001) descreve muito bem como Joachim von Sandrart, ainda no século XVI, já fazia estudos a respeito de como a arte tinha se desenvolvido com o passar das sociedades. Kaufmann (2001) se refere a Sandrart como um antiquário que fazia pesquisas por meio da comparação e da observação de objetos e obras artísticas, sendo, portanto, um antecessor de Winckelmann, que no século XVII se tornou conhecido como o criador da história da arte e inventor de todas as técnicas de pesquisa.

A segunda das mudanças apontadas por Philipp Blom (2003) diz respeito a um desligamento com a autoridade da Igreja e ao estabelecimento de uma nova relação com a morte e o mundo material. Durante a Idade Média, a vida era considerada um período transitório. Assim, a acumulação de bens sem sua devida utilização era algo censurável, que traria consequências temíveis na hora da morte. O período renascentista rompeu com essas ideias, abrindo espaço para que o colecionismo se popularizasse e fosse utilizado para compreender o mundo material que circunda a humanidade. Em outras palavras, a materialidade passou a ser valorizada (Blom, 2003).

Por fim, Blom (2003) indica uma terceira mudança ocorrida no período da Renascença e que foi uma consequência das últimas duas apresentadas. Pela primeira vez na Europa, colecionar passava a ser uma atividade não mais restrita somente a príncipes, padres e sábios, ou seja, tornou-se acessível a pessoas comuns. Quanto a esse cenário, podemos observar uma distinção entre o colecionismo e o antiquário. Possuir objetos antigos, partes de animais diferentes ou obras de arte vindas de lugares distantes não tinha apenas o objetivo de estudar as sociedades passadas, mas também o de satisfazer ao interesse popular, por meio da demonstração do "curioso", do "diferente", do "exótico".

Susan M. Pearce (1995) igualmente aponta que esse período foi afetado por mudanças na forma de se observar o mundo, o que, por sua vez, atingia o colecionismo. Nessa ótica, o colecionismo do século XVI passou a ser marcado pela intenção de construir dentro dos locais de exposição um "microcosmo", isto é, uma escala reduzida da compreensão do "todo". Tais locais permitiriam que todas as coisas existentes no mundo pudessem ser ordenadas. Esse modo de ver acabava por vincular o interesse pelo cosmos em sua totalidade, incluindo aquilo que era celestial, a uma observação voltada ao que estava perto e no mundo material dos colecionistas (Pearce, 1995). Desse modo, com a chegada do século XVII, o racionalismo passou a operar dentro do mundo material, podendo-se dividir e ordenar tudo o que existe em um sistema taxonômico (Pearce, 1995).

Convém notar que foi exatamente esse processo de sistematização do conhecimento, caráter próprio dos antiquários e tão valorizado durante os séculos XVI e XVII, que os levou a um embate com os filósofos, seus antigos aliados. Momigliano (2004) argumenta que foram os enciclopedistas, como Voltaire, que começaram a questionar o sentido da história que os antiquários produziam. Para o filósofo francês, os antiquários estavam mais preocupados com detalhes sem importância, deixando de acompanhar o desenvolvimento da civilização. Assim, se, por um lado, os historiadores tradicionais passaram a assimilar o modo antiquário de se fazer pesquisa, por outro lado, os filósofos estavam à procura de uma forma de gerar conhecimento mais distante desses modelos (Momigliano, 2004).

O fim desse ciclo deu início a uma segunda fase do desenvolvimento do colecionismo moderno, a que Leonardo Renault e Carlos Araújo (2015, p. 83) chamam de "momento iluminista", mas que acabou se estendendo do século XVIII até o início do século XX. Susan M. Pearce (1995, p. 56, tradução nossa) denomina essa segunda fase de "modernismo clássico". O começo dessa época foi impactado pelo processo de sistematização do mundo, que começou a ser elaborado no período anterior. No entanto, ganhou contornos muito maiores, principalmente em virtude do desenvolvimento da **taxonomia** biológica produzida por Carlos Lineu. Esta coincidiu com a forma iluminista de se observar a realidade, o que ajudou a criar um sistema que seria visto, ao menos nesse período, como representação da verdade sobre o mundo material (Pearce, 1995). Nessa ótica, mais do que satisfazer à curiosidade e ao conhecimento da população com os objetos e tipos biológicos vindos de lugares distantes, agora se pretendia colocar a natureza dentro de sistemas científicos governados pela razão (Blom, 2003).

Uma segunda característica desse período se refere principalmente à criação dos **museus nacionais**. Os Estados, agora, investiam recursos na criação de uma narrativa mitológica acerca da existência de uma cultura capaz de interligar todo o povo. Sob essa perspectiva, passou-se lentamente de um colecionismo marcado fundamentalmente por coleções privadas para a existência de coleções públicas a que todos da nação teriam acesso (Blom, 2003). Tais coleções tinham como principal utilidade a construção de uma identidade nacional. Além disso, pretendia-se educar a população conforme os padrões instaurados pelos mitos. Portanto, como os impérios coloniais estavam em expansão, seria preciso mostrar ao povo, e não mais somente à nobreza, o desenvolvimento da nação (Blom, 2003).

4.3 O colecionismo na atualidade

Por fim, chegamos à atualidade, que também constitui a última fase do colecionismo nas divisões traçadas pelos autores mencionados. É nesse momento que a sociedade atinge seu auge de produção de bens e objetos para o consumo, fato que se define até mesmo como uma dimensão orientadora da vida social contemporânea (Baudrillard, 1989). Soma-se a isso a consolidação de um pensamento mais reflexivo a respeito da formação do mundo, em que as certezas e narrativas construídas durante os períodos anteriores passaram a ser questionadas. Nesse contexto, deu-se início a uma tentativa de descolar os significados dos fatos das respectivas representações sociais e materiais, isto é, aquilo que antes tinha um significado atribuído poderia, agora, receber um novo sentido, partindo-se da experiência de cada indivíduo (Pearce, 1995). Sob essa ótica, Susan M. Pearce (1995) argumenta que tais processos de **reflexão** e **consumo** foram responsáveis por gerar ao menos três impactos sobre o colecionismo.

O primeiro deles se refere ao fato de que as antigas coleções e formas pelas quais os museus eram estruturados foram alvo da nova reflexividade característica da atualidade. Assim, a maneira de os museus exporem suas coleções ao público deixou de ter como objetivo a mera demonstração sistemática do conhecimento, como nos períodos anteriores, ou seja, surgiu a liberdade de revelar aos observadores como se dá o processo de fazer uma coleta e estruturar uma exposição. Logo, o espectador deixou sua posição passiva e passou a ser convidado a participar da apresentação, por meio de uma reflexão acerca do processo de coletar (Pearce, 1995). Ainda sobre os museus, e como segundo efeito, estes começaram a coletar, expor e discutir o próprio período presente. Além disso, também objetos e artes produzidos na contemporaneidade passaram a ser coletados, a fim de que possam ser mostrados no tempo presente e, inclusive, mantidos para as próximas gerações (Pearce, 1995).

Entretanto, ao levarem para dentro das exposições o contemporâneo e o que pertence ao cotidiano, os museus se viram em uma espécie de paradoxo. Antes, eram espaços reservados às elites, mas, com a interiorização do cotidiano, puderam experimentar uma verdadeira democratização do acesso. Porém, o mesmo processo de observar o cotidiano se tornou uma discussão sobre a poética da vida comum, o que exige um olhar especializado e restritivo (Medeiros, 2014). Ademais, a esse paradoxo se une o consumismo contemporâneo, que, quando observado nos museus de arte, expressa-se por uma verdadeira demanda pelo novo e pelo diferente. Tal realidade obriga os artistas a produzir suas obras em um ritmo acelerado e voltado à satisfação das vontades de consumo dos espectadores, recebendo em troca somente uma espécie de reconhecimento e meio de sobrevivência (Medeiros, 2014).

Como última mudança que as lógicas de consumo e desconstrução de sentidos operaram sobre o colecionismo, temos que o próprio ato de colecionar se tornou alvo da aquisição de objetos para o consumo. Antes as coleções nunca poderiam ser completas, tendo em vista que os objetos colecionados eram representações de algo no mundo, isto é, não seria possível criar uma exposição com tudo o que existe na natureza, mas apenas com alguns exemplares. Entretanto, com a produção em massa, todos passaram a poder consumir e ter coleções completas de objetos feitos especialmente para isso. Ser um colecionador, assim, passou a ser algo prático (Blom, 2003). Nesse sentido, as coleções perderam a obrigatoriedade de terem representações certas, como o cosmos ou a sistematização das espécies. O lado positivo desse processo reside no fato de que, agora, colecionar é uma atividade democrática, e cada colecionador pode ter interpretações próprias de seus objetos, selecionando aquilo que tem significado e valor para si (Blom, 2003).

Por fim, em meio a todos esses processos, o que restou do antigo movimento de sistematização do conhecimento (não em seu sentido taxonômico), que era caráter distintivo dos antiquários? Para Momigliano (2004), no presente, não há mais discordância quanto à necessidade de estudar, por meio de sistematizações, diferentes instituições, crenças e comportamentos; no entanto, essa forma de pesquisa reaparece no âmbito de disciplinas como a sociologia (Momigliano, 2004). Dessa maneira, ainda podemos caracterizar a museologia, o arquivismo e a biblioteconomia como disciplinas em que o colecionismo antiquário surge pelo estudo, pela classificação e pela sistematização de documentos.

Até aqui, observamos como o colecionismo se desenvolveu no Ocidente, desde suas primeiras manifestações até a atualidade. Agora, precisamos compreender de que forma todas as atividades típicas do colecionismo estão interligadas. Em outras palavras, vamos analisar a razão que nos leva a colecionar.

4.4 Discussões sobre o ato de colecionar

As discussões sobre o que seria o ato de colecionar não são especialmente novas, tendo se originado no início do século XX. Todavia, nesse período, tais discussões estavam vinculadas a uma série de estudos em psicologia que visavam estabelecer uma ligação entre o crescimento etário humano e o ato de colecionar, o qual estaria ligado a um desenvolvimento que poderia ser traçado desde a infância até a fase adulta. Houve igualmente uma tendência de conectar a busca pelo prazer ao hábito de acumular e, consequentemente, gerar coleções. Mas foi na segunda metade desse mesmo século que, com o desenvolvimento de uma literatura crítica, tornou-se possível pensar no ato de colecionar associado a processos culturais e simbólicos nos quais os indivíduos se inserem (Pearce, 1995). Observar algumas dessas visões certamente ajudaria a compreender melhor o fenômeno em pauta.

Jean Baudrillard é um autor que pode ser identificado entre aqueles pertencentes ao primeiro período, mas com algumas inovações importantes (Pearce, 1995). Ele procura explicar que o ato de colecionar deriva de um duplo significado que todo objeto detém. Isto é, qualquer objeto tem uma dimensão de **utilidade**, no qual é considerado por aquilo que faz, e outra dimensão que é subjetiva, em que é tido como **posse** e **propriedade**. Dessa forma, os objetos colecionados são aqueles que tiveram a primeira dimensão completamente excluída, passando a apresentar apenas a dimensão de posse (Baudrillard, 1989).

Até este ponto, é possível que muitos estudiosos do assunto concordem. Contudo, Baudrillard (1989) vai um pouco além ao relacionar o fenômeno de posse dos objetos ao próprio sentimento romântico de possuir o outro. Logo, o sentimento de posse entre colecionador e objetos pode ser encarado como uma proximidade correlata àquela que pode ser exercida em um relacionamento. Neste, a paixão pelos objetos se justifica porque o colecionador vê neles a representação de um outro, que, na realidade, é a própria observação de si (Baudrillard, 1989).

Pearce (1995) afirma que tal forma de observar essa questão apresenta uma resposta condicionada ao ambiente da sexualidade que não leva em conta outras partes da dimensão da personalidade, assim como não é capaz de adicionar ao ato de colecionar os aspectos provindos da cultura social. Porém, a autora insere no centro dessa questão a verdade de que as ações exteriores dos indivíduos estão vinculadas às dimensões interiores de seu próprio ser (Pearce, 1995). Por outro lado, a mesma autora, ao desenvolver sua pesquisa sobre o colecionismo europeu, ressalta que há uma **dimensão cultural** diretamente imbricada no modo como tratamos a cultura material. Para ela, os indivíduos – e, por que não dizer, as culturas em geral – estabelecem uma relação diferenciada com a materialidade, relação esta que apresenta e representa as formas de nos percebermos e de agirmos no mundo (Pearce, 1995).

Krzysztof Pomian (1984) propõe uma visão que coincide com a observação desenvolvida por Pearce (1995). O autor argumenta que algumas posições teóricas, ao tentarem explicar a razão de indivíduos colecionarem, acabam postulando aquilo de que precisam para justificar a própria resposta. Nesse sentido, um exemplo seria a própria ideia de que há um instinto de propriedade nos indivíduos, a existência de certo prazer estético ou, ainda, a possibilidade de adquirir conhecimentos através dos objetos. Tais explicações, embora interessantes, não seriam suficientes para solucionar a questão, visto que não revelam como se desenvolve esse prazer estético, essa vontade de obter conhecimento, tampouco explicam de onde vem a importância da posse (Pomian, 1984).

Desse modo, Pomian (1984) procura encontrar outra explicação para o fenômeno da atividade de colecionar. Sua proposta parte de uma discussão a respeito da história dessa mesma atividade. O autor observa que já havia a atitude de colecionar objetos desde os imperadores romanos que, por meio da compra, adquiriam para si despojos e objetos de outras sociedades. Tais elementos passavam, então, a ser exibidos em coleções particulares ou nos templos, para onde seriam doados (Pomian, 1984). O autor também cita dois exemplos que já foram mencionados neste capítulo: as ofertas aos templos gregos e as relíquias católicas. Como já mencionamos, em ambos os casos, os objetos colecionados passavam a ser alvo apenas da observação da população, seja para a demonstração de poder, seja pela documentação de uma conexão entre as esferas celestial e mundana.

Em todos os casos citados por Pomian (1984), ressalta-se que os objetos perdiam totalmente a dimensão de usabilidade, pois se tornavam alvo da observação do público vivo ou de mortos e divindades. O mais importante, no entanto, é que, estando expostos ao olhar dos indivíduos, independentemente do caso, os objetos passam a ser observados como intermediários entre aquilo que é visível e aquilo que é invisível. Com isso, de acordo com Pomian (1984), os objetos visíveis aos olhos passam a representar aquilo que não se pode ver – deuses, santos, acontecimentos históricos ou dimensões naturais (Pomian, 1984). E, de fato, não é isso que simbolizam os objetos expostos em museus, assim como as exposições de obras de arte feitas na Renascença ou, ainda, as estátuas esculpidas por grandes mestres romanos e gregos? Todos são objetos visíveis de acontecimentos passados e que hoje já não podem ser observados pelos olhos.

A tais objetos que representam a **interseção entre o visível e o invisível**, os quais são colecionados pelo fato de terem uma significação, Pomian (1984, p. 71) chama de "semióforos". A grande questão reside no fato de que essa abordagem de semióforos amplia significativamente o número de conjuntos de objetos que podem ser encarados como coleções. Até este momento, nesta obra, só havíamos trabalhado com o colecionismo que consiste na acumulação de objetos de arte, peças antigas, exemplares biológicos e outros objetos que hoje se expõem em museus. Entretanto, se considerarmos a abordagem apresentada por Pomian (1984), tudo aquilo que tiver suporte material e que signifique a relação entre o visível e o invisível também será um semióforo.

Nesse sentido, o próprio autor se refere aos livros como espécies de semióforos, quando são entendidos como suporte visível de algum significado que pode ser recebido ao ser lido. Isso ocorre quando o livro é lido, como em uma biblioteca ou livraria, ou quando é guardado como objeto raro, estranho ou precioso (Pomian, 1998). Se tomarmos como correta a análise desse autor, compreenderemos que não são somente os museus que se constituem em uma espécie de colecionismo moderno; também as bibliotecas, os arquivos e quaisquer outros depósitos de documentos o são.

Contudo, precisamos esclarecer que, na visão de Pomian, não são apenas os objetos que podem ocupar esse lugar de mediação entre o visível e o invisível; as atividades humanas igualmente podem adquirir tal potencialidade. Como exemplos, o autor evoca as figuras de presidentes, reis e papas. As pessoas que exercem tais posições também são aquelas que passam a significar aquilo que não pode ser visto dentro da sociedade em que estão inseridas – ou a hierarquia social, algo que é invisível para a sociedade como um todo, ou os seres celestiais. Dessa maneira, tais indivíduos acumulam em torno de si os semióforos e passam a servir para simbolizar algo (Pomian, 1984).

O processo de acumulação de semióforos se tornaria perceptível durante os séculos XVII e XVIII porque, como já visto com outros autores, nesse período a mentalidade europeia passou por uma série de mudanças que afetaram profundamente o colecionismo. A abordagem racional e científica guiou os estudos dos semióforos colecionados. Assim, mesmo que Blom (2003) tenha apontado que tal época foi marcada por uma grande explosão do colecionismo, deu-se início a um processo de comercialização dos objetos de coleção, o que levou a um dispêndio de dinheiro a que os estratos médios, no qual os cientistas e os artistas se localizavam, não tinham acesso. Esse efeito, na visão de Pomian (1984), é uma das razões para a construção dos primeiros museus e bibliotecas públicas, que permitiam a observação dos semióforos por todos os membros da sociedade.

Uma questão que se delineia com base nas considerações de Pomian acerca da função do colecionismo como junção de semióforos é a seguinte: De que forma tais objetos são eleitos como construtores de significado? Existe algo que lhes seja inerente?

Olívia da Cunha (2005) é uma antropóloga brasileira que desenvolve em seus textos uma série de inquietações relacionadas ao seu trabalho etnográfico em arquivos. Essas inquietações talvez sejam muito úteis para nossas reflexões neste livro. Isso porque, embora estejam voltadas para área da antropologia, ainda se trata de arquivos, que, assim como as bibliotecas, configuram-se como um tipo de coleção de documentos e textos – nesse caso, produzidos por antropólogos passados.

Cunha (2005) publicou o artigo "Do ponto de vista de quem? Diálogos, olhares e etnografias dos/nos arquivos" como resultado de suas pesquisas nos arquivos dos acervos produzidos pela antropóloga Ruth Landes e pelo linguista Lorenzo Dow Turner. Ambos foram importantes pesquisadores que compuseram seus arquivos por meio de pesquisas feitas no Brasil, com o intuito de estudar as comunidades afro-brasileiras. A autora então questiona os significados dos documentos produzidos por esses autores, tendo em vista que, em todos os casos, tais textos foram alvo de intensas disputas políticas e institucionais entre os arquivos que reivindicavam suas posses. A importância de parte do acervo produzido por Lorenzo Dow Turner, bem como das informações obtidas com base neles, teve grande impacto na construção de estudos a respeito das comunidades afrodescendentes tanto nos Estados Unidos quanto no resto da América.

De acordo com a autora, tais textos foram responsáveis por contrapor o pensamento vigente na época. Porém, mesmo com toda a relevância dada aos documentos produzidos por Turner, sua trajetória pessoal é relativamente desconhecida (Cunha, 2005). Ocorre que a autora, ao se dar conta da vastidão desses documentos, começou a questionar quais leituras e entendimentos possíveis ela poderia obter com base no que lhe estava exposto. Nesse ponto, ela decidiu confrontar algumas das informações presentes no acervo de Turner com os descendentes daqueles que tinham sido alvo da pesquisa e que haviam feito parte dela, ou seja, que tinham sido imortalizados nos documentos, pois foi a partir deles que se tornou possível tirar conclusões (Cunha, 2005). Em um dos casos, a pesquisadora separou um arquivo de voz em que Lorenzo Dow Turner interage com um importante interlocutor sobre o uso das línguas africanas no Brasil. Isso porque, dada a importância que esse interlocutor parecia ter, Cunha (2005) acreditou que seus descendentes, biológicos ou de processos culturais, teriam algumas reações positivas ao ouvirem novamente a voz dele. Mas, para a surpresa da autora, não foi isso o que aconteceu, pelo contrário. Alguns dos ouvintes não se lembravam ou tinham pouco conhecimento do detentor da voz; por outro lado, especificamente um homem que havia conhecido o dono da voz de perto ficou triste ao ser confrontado com um personagem bem menos interessante do que em suas memórias (Cunha, 2005).

O exemplo de Cunha (2005) nos revela algo que é útil para este nosso estudo. Muitas vezes, determinados documentos que são considerados tão importantes para uma comunidade suscitam sentidos distintos para outros grupos. Pomian (1984) já havia apontado isso em seu texto, ao buscar explicar por que em muitos casos os semióforos são disputados por diferentes grupos que procuram reinserir os objetos em processos de comércio e de utilidade. Dessa forma, o que se pode depreender é que os objetos colecionados só ganham a dimensão de significado para um grupo restrito de indivíduos – aqueles que fazem as coleções ou que as estudam e veem nelas algum objetivo. Logo, compreender quais objetos de coleção se tornam semióforos é um passo importante no âmbito do estudo das coleções; porém, não parece que ser um objeto com algum significado seja inerente a alguns bens.

Resta, ainda, questionar o motivo pelo qual determinados grupos elegem alguns objetos para serem colecionados e outros não. Em outras palavras: Por que, para grupos específicos, certos objetos podem mediar o visível e o invisível? Essa pergunta ganha singular importância quando observamos as críticas recentes que têm sido levantadas contra o colecionismo e a prática de produzir museus. Para entender melhor essa crítica, caminhar mais profundamente com a antropologia pode render bons frutos.

João Pacheco de Oliveira (2005), antropólogo brasileiro, aborda essa nova questão por meio da apresentação de uma coleção presente no Museu Nacional denominada *Guido*. Ela foi produzida com um grupo de objetos advindos do povo Bororo e colecionados por D. Maria do Carmo de Mello Rego, escritora pertencente à alta classe imperial. O nome dessa coleção foi uma homenagem feita pela sua colecionadora a seu filho adotivo, Guido, originário do mesmo povo. Oliveira (2005) recorre ao caso retratado tanto para discutir a forma como os museus têm construído narrativas sobre os povos indígenas e tradicionais quanto para propor uma nova maneira de expor tais objetos e itens artísticos. Nessa ótica, o autor afirma que os museus dispõem essas coleções etnográficas de acordo com dois grandes paradigmas. O primeiro diz respeito ao fato de que os objetos são colocados em um sentido evolucionista, que ressalta um discurso colonial segundo o qual objetos transculturais são dispostos conforme uma ordem taxonômica de desenvolvimento tecnológico; o segundo paradigma refere-se à condição de os objetos serem expostos como se representassem a totalidade cultural, em relação à qual são contextualizados a fim de se observar seu sentido original. Ambos, conforme Oliveira (2005), têm em comum uma visão acrítica dos objetos, como se eles não apresentassem nada que os interligasse e, por esse motivo, devessem ser ordenados de forma a ganharem um sentido (Oliveira, 2005).

Para ilustrar seu ponto de vista, o autor nos convida a refletir sobre uma das peças centrais da coleção supracitada: um retrato em que o menino Guido é apresentado junto a alguns itens vinculados à sua cultura. Oliveira (2005) nos informa que, na realidade, o retrato não é verdadeiro, mas uma pintura feita com base em duas fotos retiradas do garoto ainda vivo. Além disso, a imagem de Guido no retrato foi adulterada, sendo que os objetos típicos representados tiveram seu tamanho diminuído e, por isso, perderam em complexidade. Esse exemplo ajuda a ilustrar que, se não podemos confiar na imagem do menino Guido como apresentado no retrato, devemos olhar com a mesma desconfiança as formas de apresentar os itens do povo Bororo nas exposições. Isso porque a maneira como vários desses objetos são expostos, independentemente da cultura retratada, em muitos casos apenas serve para evocar estereótipos e preconceitos culturais (Oliveira, 2005).

Ao discutir o processo de produção dos museus no Brasil, Lilia K. M. Schwarcz (1989) demonstra como as instituições responsáveis foram muito dependentes da produção de ideias e dos debates realizados no exterior. Essas instituições acabaram desenvolvendo produções que estavam balizadas por um pensamento baseado no evolucionismo social, perspectiva que, assim, ajudavam a difundir. Isto é, os museus viam nos grupos indígenas do Brasil um terreno fértil para desencadear discussões e, razão disso, também se tornaram, em parte, locais nos quais crânios e objetos indígenas poderiam ser reunidos e estudados de forma mais próxima.

Schwarcz (1989) ainda menciona que, no caso dos museus brasileiros, essa visão ainda tinha a vantagem de estar de acordo com o ideário do pensamento da classe dominante, visto que, se, por um lado, fragilizava a ideia de um desenvolvimento nacional, por outro, mantinha intactas as estruturas de poder, conferindo-lhes legitimidade do ponto de vista científico e propiciando uma direção a ser seguida (Schwarcz, 1989). Em outras palavras, se a nação tinha de lidar com a alta miscigenação, ao menos a elite branca poderia manter-se no poder.

O que os exemplos mencionados nos textos de Lilia Schwarcz (2005) e de João Pacheco de Oliveira (2005) parecem demonstrar é que as coleções, mais do que apontar para objetos que relacionam o invisível ao visível, ajudam a reafirmar as imagens que já existem nas sociedades que colecionam. Nesse sentido, os objetos colecionados não são, de fato, o mais importante, e sim os **ideários sociais** que resultam das diferentes relações travadas nessas sociedades. Desse modo, os objetos escolhidos são aqueles que melhor se aplicam à intenção de retratar tais ideários.

Se concordamos que esses conceitos possam ser válidos, então as percepções de Olívia da Cunha (2005) acerca das diferentes maneiras de se observar determinados documentos ganham uma importância ainda maior. Como já comentamos, parte do processo reflexivo da autora foi analisar de que modo os documentos de Lorenzo Dow Turner tinham se tornado importantes em razão de suas pesquisas terem ajudado a modificar a forma como eram vistas as contribuições das culturas afrodescendentes nas Américas. Assim, temos aqui um exemplo de uma coleção que, em vez de ressaltar relações sociais e ideários racistas, ajuda a entender como romper com esse tipo de pensamento. Nesse sentido, é possível pensar em novas formas de estruturação de museus, arquivos, bibliotecas ou outros tipos de coleções que possam ressaltar outros tipos de relações sociais que sejam melhores para a humanidade como um todo.

Considerando-se o exposto, refletir sobre o porquê de colecionarmos é também discutir nossa própria cultura e a própria maneira como construímos nossas relações sociais dentro dela. Os objetos que colecionamos representam a subjetividade dos indivíduos que colecionam, assim como a relação entre o visível e o invisível. Mas também constroem o modo como nossa cultura se percebe e acabam servindo para manter tipos de padrões sociais que devem ser modificados. De todo modo, parece que as coleções falam mais a respeito de nós mesmos do que sobre os objetos colecionados.

Indicação cultural

RAFFS, L. Índios terena contam sua história e cultura em exposição na USP. **Jornal da USP**, 26 jun. 2019. Disponível em: <https://jornal.usp.br/universidade/eventos/indios-terena-contam-sua-historia-e-cultura-em-exposicao-na-usp/>. Acesso em: 22 ago. 2022.

Esse é um texto jornalístico publicado no *site* de divulgação de eventos e pesquisas da Universidade de São Paulo (USP). A matéria faz referência a uma exposição na qual os próprios indígenas do grupo Terena participaram como curadores. O evento foi idealizado por membros da universidade. Exposições como essa ajudam na divulgação da cultura da comunidade indígena a partir de seus próprios olhos e de seus próprios conceitos. Acesse o *link* indicado para saber mais sobre o caso.

Síntese

Neste capítulo, primeiro analisamos o fenômeno colecionista. Para tanto, observamos a pesquisa antiquária não apenas como uma forma de colecionismo, mas também como modo de estudo baseado em objetos. Em seguida, discutimos de que maneira o colecionismo se desenvolveu na Europa, mediante a criação das primeiras exposições de curiosidades. Vimos, ainda, como se deu esse fenômeno durante os séculos XVI e XVII, culminando na criação dos museus no período de formação dos Estados nacionais. Por fim, procuramos analisar como se configurou o ato de colecionar na sociedade contemporânea, já no século XX.

A compreensão desse processo histórico permitiu direcionar nosso olhar para a razão de colecionarmos. Encontramos essa explicação no conceito de semióforos, desenvolvido por Krzysztof Pomian. Além disso, observamos que a escolha de objetos para a exposição está vinculada à construção de perspectivas, narrativas e ideias sociais. Dessa forma, concluímos que tanto a escolha dos objetos para tais exposições quanto a forma de os expor podem dizer mais a respeito das construções sociais e dos ideários da sociedade que organiza tais coleções do que dos povos que são o objeto dessas exposições.

Atividades de autoavaliação

1. O estudo antiquário foi uma espécie de pesquisa do passado que se desenvolveu desde a Grécia Antiga até o período moderno. Por ter durado vários séculos, passou por diversas mudanças, embora tenha mantido características que o unificam durante a história. Com relação ao antiquário, assinale a alternativa correta:

    a) Os primeiros antiquários se observavam como pertencentes ao mesmo gênero de pesquisa histórica, visto que usavam métodos muito parecidos. Porém, com o transcorrer dos anos, essa visão se modificou, e os antiquários passaram a se aproximar da pesquisa filosófica, principalmente após o movimento enciclopedista e a criação da taxonomia.

    b) Nos primeiros séculos, a pesquisa antiquária se considerava mais próxima do conhecimento filosófico do que dos historiadores. Isso decorria do fato de que os antiquários faziam pesquisas sobre objetos, principalmente por meio da sistematização e catalogação das formas como os povos viviam. Já os historiadores estavam focados em estudar temas políticos, assim como o desenvolvimento de guerras e os acontecimentos da época.

    c) A principal divergência entre os antiquários e os enciclopedistas estava na forma de se fazer pesquisa. Enquanto o primeiro grupo buscava fazer uma pesquisa focada em um desenvolvimento cronológico da civilização, o segundo se voltava à observação de detalhes históricos.

    d) Tanto os antiquários quanto os historiadores faziam pesquisas sobre objetos antigos. Entretanto, eles se diferenciavam pelo enfoque. Enquanto os primeiros olhavam para detalhes, os segundos estavam focados no desenvolvimento da civilização. Por esse motivo, o movimento filosófico enciclopedista adotou a história como forma de fazer pesquisa, ao passo que os antiquários perderam importância. Uma prova disso é que não encontramos resquícios de pesquisa antiquária nas disciplinas científicas modernas.

    e) Na modernidade, podemos observar resquícios da pesquisa antiquária, como a sistematização e o estudo dos modos de vida de diferentes povos. Tais detalhes aproximavam a pesquisa antiquária da filosofia nos primeiros séculos. Já os historiadores, desde o início, sempre estiveram mais preocupados com temas políticos e com o estudo do próprio período. É por isso que até hoje a história não recorre a métodos de estudo enciclopedista.

2. O ato de colecionar objetos parece acompanhar a humanidade desde o início de seu desenvolvimento. Porém, o colecionismo sofreu grandes mudanças desde o século XVI até a atualidade. Com relação a tais modificações, analise atentamente os itens a seguir e marque V para os verdadeiros e F para os falsos:

    ( ) O colecionismo desenvolvido durante os períodos do século XVI até o século XVII passou por grandes mudanças que influenciaram em seu desenvolvimento. A primeira se refere à chegada de objetos do Novo Mundo, os quais proporcionaram novos conhecimentos. A segunda diz respeito ao maior apego à sacralidade da religião e a seus objetos de culto, o que levou à popularização das coleções como possibilidade de demonstrar o curioso e o inusitado.

    ( ) O colecionismo do século XVIII até o início do século XX foi marcado pelo surgimento dos museus nacionais, que serviam como forma de educar a sociedade a respeito dos mitos da nação. Além disso, nesse período, a sistematização dos objetos se tornou mais intensa, principalmente pelo uso de técnicas de taxonomia.

    ( ) Do final do século passado até a contemporaneidade, os museus passaram a ter uma expressão marcada pela reflexividade, por meio da qual os observadores eram convidados a sair de uma posição passiva para discutir como as exposições eram feitas e montadas. Além disso, os museus também começaram a expor objetos produzidos no cotidiano. Esse fato tem uma ligação direta com o consumismo experimentado pela sociedade contemporânea, o que se reflete também na produção em massa de objetos para coleções caseiras.

    Agora, indique a alternativa que apresenta a sequência obtida:

    a) V, V, V.
    b) V, V, F.
    c) F, V, V.
    d) F, F, V.
    e) F, F, F.

3. Krzysztof Pomian é um dos principais autores que buscam explicar por que os seres humanos colecionam. Quanto ao seu conceito de semióforos, assinale a alternativa correta:
   a) Está relacionado à ideia de que o colecionismo se origina de um impulso sexual do ser humano, mediante o qual associamos os objetos a um relacionamento com o outro.
   b) Aponta para um instinto natural de apropriação dos objetos, algo comum a todos os indivíduos.
   c) Estaria restrito à sociedade europeia moderna e não poderia ser encontrado em outras civilizações ou em períodos anteriores da história humana.
   d) Compreende os itens colecionados como objetos que perderiam a função de serem usados, passando a servir apenas para serem expostos e observados. Dessa forma, seriam intermediários entre o visível e o invisível.
   e) Restringe significativamente os objetos que podem ser considerados alvos de coleção. Isso porque, ao serem vistos como intermediários entre o visível e o invisível, os semióforos se reduzem àquilo que tem suporte material.

4. Olívia da Cunha, João Pacheco de Oliveira e Lilia K. M. Schwarcz são pesquisadores brasileiros que nos ajudam a reavaliar a forma como vemos e pensamos os diversos tipos de coleções. Tendo por base as reflexões desses autores, assinale a alternativa correta:
   a) Os objetos de coleções servem tão somente para mediar o visível e o invisível. Assim, há algo de intrínseco a esses objetos, que chamamos de *semióforos*.
   b) É preciso observar as coleções não somente a partir dos objetos expostos, devendo-se também buscar entender as razões que levam sociedades, grupos e instituições a colecionar determinados objetos em detrimento de outros.
   c) Os objetos de coleções estão vinculados a um impulso inato do ser humano e, por isso, nada mais são que uma representação interna daqueles que os colecionam.
   d) As coleções nada representam ou apontam em relação aos grupos que colecionam, pois, na realidade, são apenas representações de descobertas feitas por esses mesmos grupos. É com esse raciocínio em mente que devem ser observadas.

e) As coleções representam e ajudam a compreender as relações sociais presentes em determinados grupos, sociedades e instituições. Portanto, é ilusória qualquer tentativa de construção de museus, arquivos ou outros tipos de coleções que busquem ressaltar novas formas de estabelecer relações sociais que sejam melhores para a humanidade como um todo.

5. Assinale a alternativa que corresponde aos objetivos dos primeiros antiquários, ainda do período renascentista, de acordo com Momigliano (2004):
   a) Compreender o passado por meio de textos sobre o passado escritos por historiadores clássicos.
   b) Compreender o passado por meio de objetos estudados por historiadores renascentistas.
   c) Compreender o passado por meio de objetos, e não de textos sobre o passado escritos por historiadores clássicos.
   d) Compreender o passado por meio de objetos e de textos sobre o passado escritos por historiadores clássicos.
   e) Compreender o passado por meio de objetos, e não de textos sobre o passado escritos por antiquários clássicos.

Atividades de aprendizagem

Questões para reflexão

1. Neste capítulo, analisamos diversas perspectivas que procuram esclarecer por que fazemos coleções. Com base na análise desses diferentes pensamentos, por qual motivo você considera que nós colecionamos? A prática de desenvolver coleções na atualidade tem tanta relevância quanto teve no passado?

2. Atualmente, vivemos um momento de transformações tecnológicas e sociais muito aceleradas. Considerando os diversos tipos de coleções e a forma como eles se apresentaram no decorrer do tempo, de que modo você imagina que as coleções serão apresentadas no futuro? Como a tecnologia pode afetar o modo como nos relacionamos com as coleções e com os objetos nelas expostos?

Atividade aplicada: prática

1. Faça uma breve pesquisa na internet, em livros ou em outras publicações confiáveis e escreva um texto a respeito de alguma coleção pública importante que você já tenha visto. Tal coleção pode ser proveniente de museus, arquivos, bibliotecas ou de qualquer outra natureza. Busque descrever quais relações sociais estão sendo mostradas e de que maneira esses significados surgem na coleção selecionada.

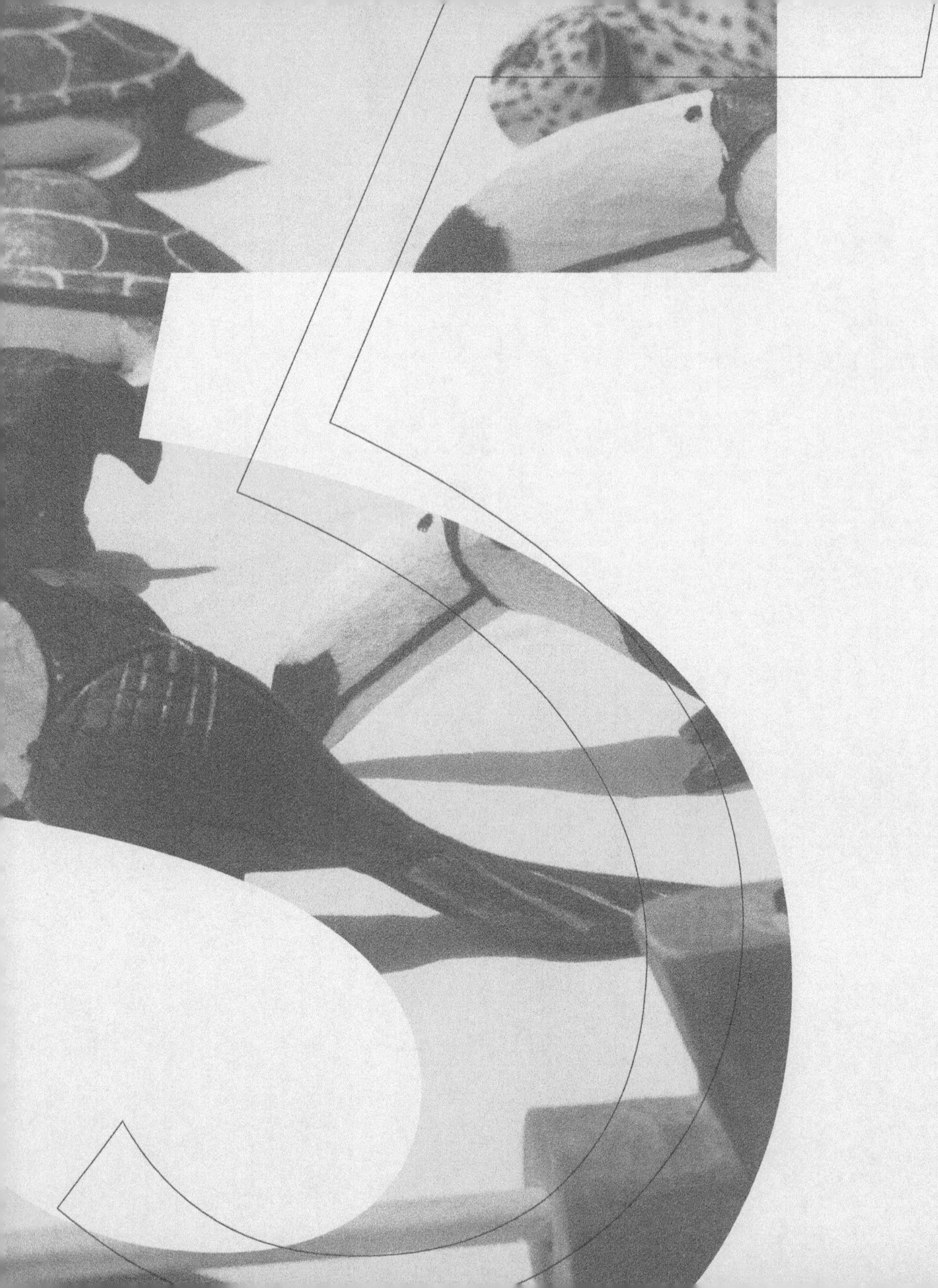
5

*Os museus
e as coleções
no Brasil*

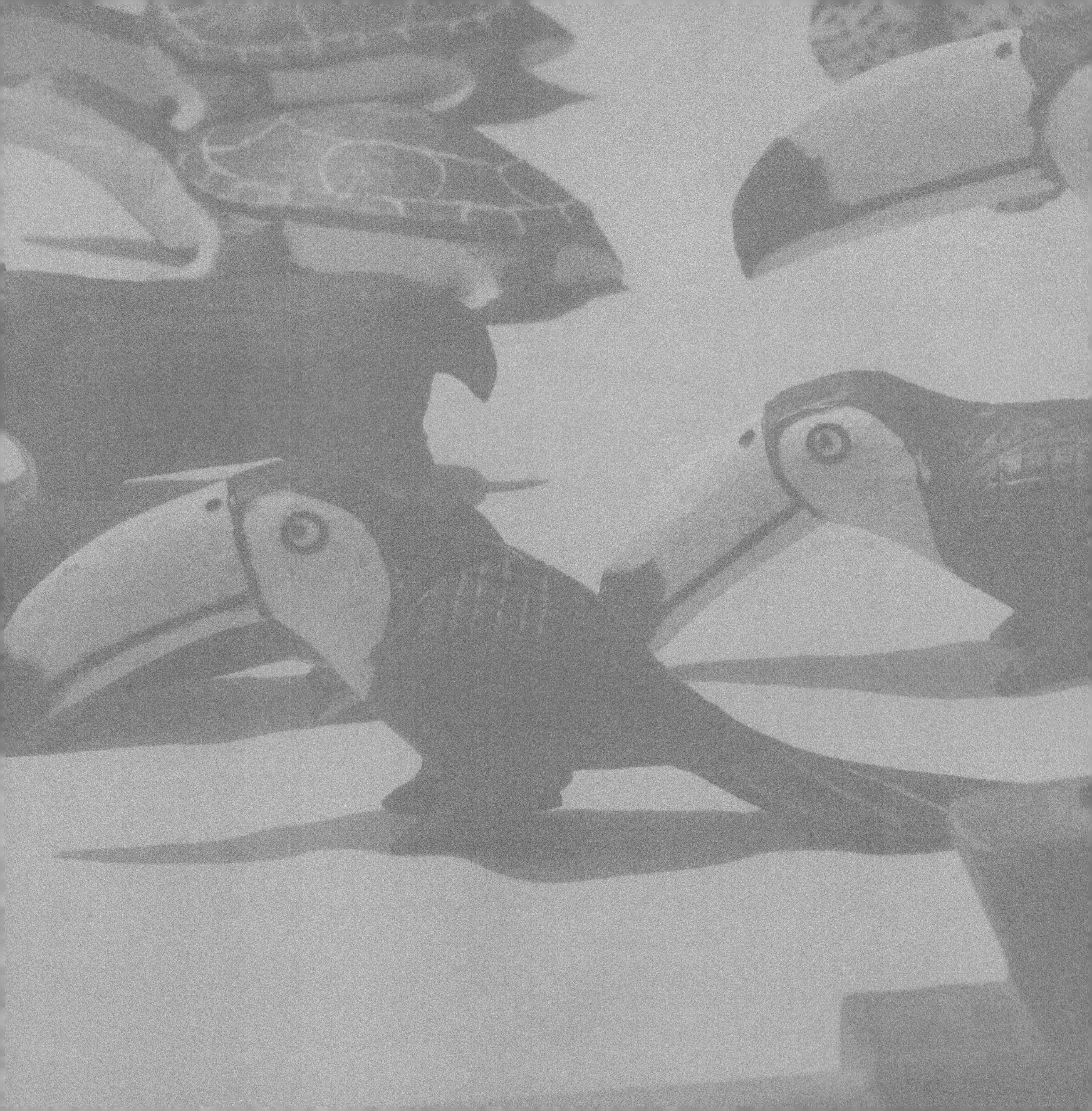

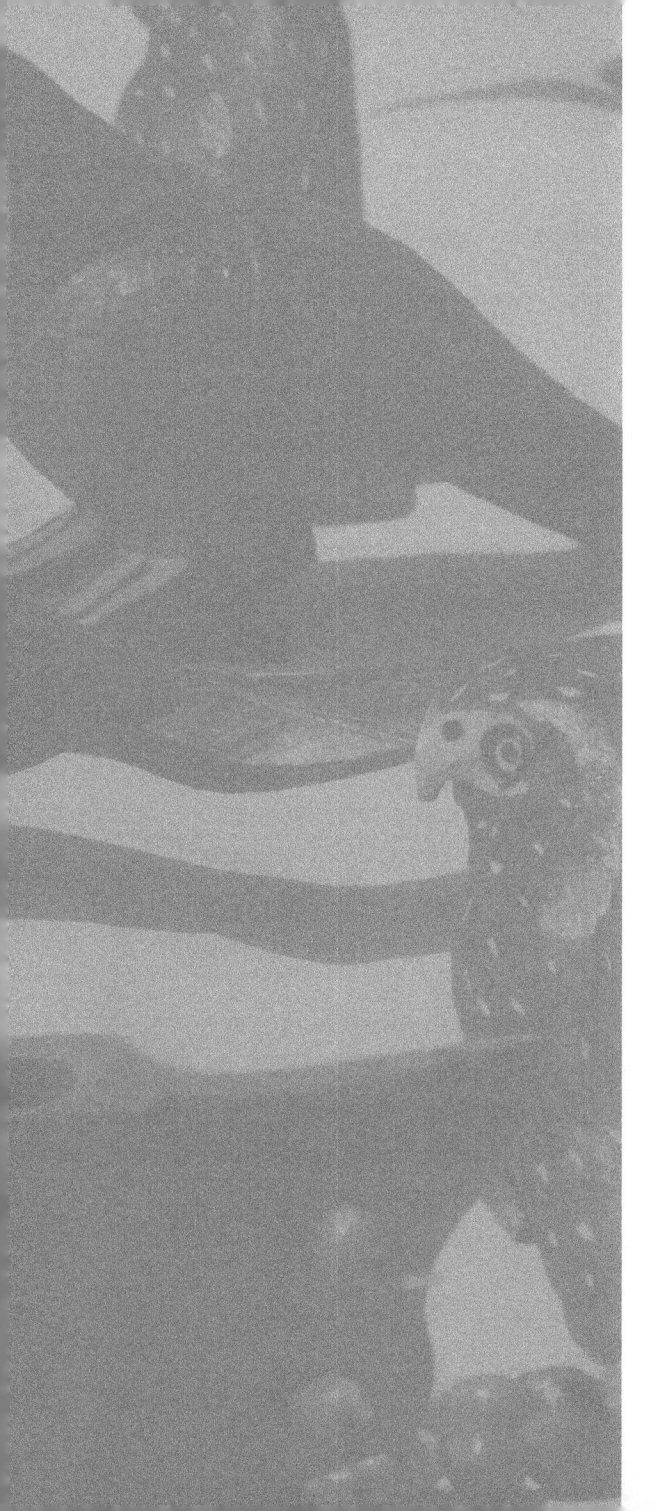

Anteriormente, discutimos as origens do colecionismo, observando principalmente o desenvolvimento da pesquisa antiquária como forma de estudo da história. Também explicamos de que modo o colecionismo moderno se desenvolveu, em uma trajetória que se iniciou com as coleções vinculadas à satisfação da curiosidade popular, passou por conjuntos de objetos com serventia para um estudo histórico e chegou até a criação de museus que tinham o intuito de firmar uma ideia de nação.

Essas observações deram origem a outro questionamento: Qual é a razão que nos faz colecionar? Essa pergunta demandou que voltássemos o olhar para a própria subjetividade dos indivíduos. Avançamos a partir desse ponto para refletir acerca de uma dimensão mais cultural e geral que é possível encontrar na visão de Krzysztof Pomian (1984) e em sua ideia de semiofóros. Por fim, concluímos que mais importantes do que os objetos que compõem as coleções são as narrativas construídas por meio deles, com destaque para o fato de que tais narrativas refletem nossa própria cultura.

Podemos, portanto, a partir desse ponto, prosseguir em nossa reflexão analisando o desenvolvimento dos museus no contexto nacional.

5.1 A fundação do Museu Nacional e do Museu Paraense Emílio Goeldi

Se as coleções refletem e constroem nossas formas de pensar a história e a sociedade, torna-se vital entender como isso se configurou no Brasil. Para tanto, vamos analisar o desenvolvimento dos museus no contexto nacional. Isso porque, como mencionamos anteriormente, foi com a criação dos museus públicos pelos Estados nacionais que se deu o início da elaboração de narrativas acerca da existência de um patrimônio comum e de uma ideia de nação. Além disso, se o colecionismo muitas vezes fala mais da sociedade que coleciona do que dos próprios objetos colecionados, então observar a formação do colecionismo por meio dos museus ajuda a compreender como a ideia de Brasil se construiu.

O desenvolvimento e a construção dos museus no Brasil se distinguem do processo que ocorreu na Europa, uma vez que, se a constituição de museus públicos começou a avançar do século XVIII até o século XX, no início desse período o Brasil ainda era uma colônia. Logo, antes de ter os próprios museus, a função do país era ser objeto de extração de produtos – para enriquecer a metrópole portuguesa e os museus além-mar. Como aponta Lilia Schwarcz (2002), no início do século XIX, a maior parte do processo científico desenvolvido em terras nacionais era comandada por pesquisadores estrangeiros, cujo objetivo era arrecadar peças biológicas, culturais e minerais identificadas na região. O intuito era levar essas peças para os museus na Europa, sob a justificativa de "salvar" o que aqui poderia ser encontrado. Na época, acreditava-se estar ocorrendo um processo de extinção dos povos e das culturas indígenas, em razão da agressividade colonial.

Nesse cenário, o exemplo mais próximo do que poderia ser considerado um museu em terras nacionais é a Casa de História Natural, também chamada de Casa dos Pássaros. De acordo com José d'Almeida e Regina Dantas (2018), esse empreendimento foi desenvolvido pelo Vice-Rei D. Luís de Vasconcelos, em 1784. Entretanto, ainda segundo esses autores, há uma ampla controvérsia a respeito dos objetivos do então vice-rei com a inauguração de tal espaço. O que se tem certo é que lá os objetos eram coletados, armazenados e preparados. Ademais, conforme Almeida e Dantas (2018), até o destino dessas coleções era contravertido. Os autores demonstram isso ao mencionarem uma série de obras clássicas do período que apontam para locais diferentes que podem ter representado a parada final desse acervo. De qualquer forma, sua existência durou por pouco tempo, pois a instituição foi fechada, em 1813, pelo imperador Dom João VI (D'Almeida; Dantas, 2018).

Como podemos observar, a primeira instituição de coleção genuinamente nacional revela a função do Brasil no imaginário da época, ou seja, o país era basicamente uma estação de coleta de objetos para serem enviados a algum gabinete de curiosidades ou museu na Europa. Se dentro do sistema colonial o Brasil estava inserido na periferia, não haveria razão para a construção de um museu que colocasse a nação em um círculo de conhecimento. Logicamente, no período colonial já existia o início de um estudo e de uma busca pela ampliação do conhecimento, mas foi somente com a chegada da família real ao território da colônia que o desenvolvimento científico passaria a ganhar as mesmas formas encontradas no continente europeu (D'Almeida; Dantas, 2018).

Em 1818, o Imperador Dom João VI fundou o Museu Real, o qual, após a independência do país, teve seu nome alterado para Museu Imperial e, posteriormente, para o então **Museu Nacional** (D'Almeida; Dantas, 2018). A verdade é que foi apenas com a chegada da família real ao Brasil que ocorreu um verdadeiro desenvolvimento científico no país. Nesse sentido, Mário Chagas (2009) comenta que, com a vinda da corte ao território, também surgiram novas ideias e imaginações em torno da formação e da constituição nacional. Dessa forma, pode-se pensar o Museu Nacional considerando-se esse contexto de atualização do conhecimento científico no Brasil. Além disso, é a partir dele que podemos começar a traçar a construção de um mito da nação.

Lilia Schwarcz (2002), com base em documentos e autores do período, descreve o contexto de fundação do Museu Real como parte da busca de Dom João VI pela transformação da colônia de Portugal em uma extensão da monarquia. Assim, ele tinha o objetivo claro de difundir o conhecimento científico dentro do novo território-casa da realeza. Para tanto, o próprio monarca fez doações de coleções pessoais para compor o acervo do museu.

Maria Margaret Lopes (1997) aponta que o decreto de criação do museu era acompanhado de uma "instrução" de difusão do conhecimento científico por todo o país. Sob essa ótica, ele deveria cumprir a função de ser uma espécie de Museu Geral Brasílico. Dessa maneira, o espaço ganharia uma dimensão metropolitana no sentido de que deveria organizar um catálogo geral de todas as peças, objetos e espécimes que pudessem existir nas províncias brasileiras. Isso seria viabilizado por uma coleta desses objetos feita em cada uma das regiões. Um exemplar de cada objeto seria enviado para o Museu Nacional, e outro seria usado para compor um gabinete de história natural da província. Havia também a intenção de internacionalizar o museu, em virtude do incentivo para uma ampla colaboração entre o Museu Nacional e os demais museus portugueses por meio da disponibilização dos catálogos de acervos, assim como da troca de coleções entre eles. Ainda segundo Lopes (1997), o Museu Nacional, ao colecionar objetos advindos de todas as províncias do país, seguiria como o mantenedor do fluxo de peças das Américas aos museus da Europa. Contudo, conforme Schwarcz (1989), o museu demorou para se constituir como entidade com padrões e classificações científicas, permanecendo, assim, como uma instituição de caráter mais simbólico. Apenas em 1821 é que o museu passou a oferecer exposições ao público, ou seja, quatro anos depois.

Um grande problema que afetou o Museu Nacional em seus primeiros anos, inclusive após sua abertura ao público, diz respeito à baixa quantidade de coleções em exibição. Lopes (1997) ressalta que, embora o número de doações tenha crescido com o tempo, não foi suficiente para que, aos olhos do público estrangeiro, a exibição feita pelo Museu Nacional se comparasse ao que havia nos museus europeus sobre o Brasil. A autora apresenta algumas considerações acerca da falta de objetos do país expostos no Museu Nacional. A primeira delas é que havia um desnível muito grande entre o que era retirado por naturalistas estrangeiros e o que era entregue ao museu. Isso motivava que os diretores do museu frequentemente pedissem ao governo que cobrasse dos estrangeiros que estes entregassem o que era retirado para a instituição do país nas mesmas proporções do que era enviado aos museus na Europa (Lopes, 1997).

A fim de contornar a falta de objetos, uma das estratégias utilizadas foi solicitar ao governo que exigisse que as autoridades das províncias mandassem coletar objetos de suas regiões. Pedia-se também que enviassem o que fosse achado para completar a coleção dos museus (Lopes, 1997). Outra forma de tentar reverter essa situação, ainda de acordo com Lopes (1997), foi a contratação de um naturalista especializado para fazer a coleta de objetos. Isso até chegou a ser feito, com relativo sucesso, mas os contratados tiveram dificuldades para enviar das províncias aquilo que encontravam. Assim, muitos objetos eram perdidos ou chegavam em mau estado de conservação.

Outro problema enfrentado pelo Museu Nacional era a falta de repasses econômicos, visto que, sem ter acesso a mais material nacional a ser trocado por material estrangeiro, seria difícil conseguir a diversidade necessária para uma comparação taxonômica adequada dos espécimes encontrados (Lopes, 1997). Entretanto, segundo a autora, mesmo com esses reveses, o trabalho de construção do Museu Nacional não foi abandonado, pois seus diretores seguiram se empenhando em busca do desenvolvimento da ciência nacional (Lopes, 1997).

Nesse processo de produção de ciência no Brasil, Lilia Schwarcz (1989) indica que analisar *Os Archivos do Museu Nacional*, primeira revista científica do Brasil, constitui-se na melhor forma de buscar entender qual foi a função do novo museu no contexto de construção da ciência em nossas terras. Ao examinar as primeiras publicações da revista, ela destaca que o museu tinha como característica a apresentação de uma **visão nacionalista**, sendo que a maioria de suas publicações era feita por nacionais, característica que se aplicava também ao seu corpo técnico. A autora destaca que o regimento especificava que, para ser diretor do museu, era necessário ser nacional. Tais fatos apontam para uma distinção entre o Museu Nacional e as outras instituições instaladas no país (Schwarcz, 1989).

Observar esse contexto fortalece o entendimento de que o Museu Nacional emergiu da construção de uma identidade nos mesmos estilos dos museus europeus, fundamentados na construção de uma ideia de nação. Isso é importante porque, sendo uma das primeiras instituições científicas do país, o museu formou os primeiros membros da elite intelectual, que conformariam a maneira de se pensar e fazer ciência no Brasil. Desse modo, perceber a importância do que foi produzido nessa instituição naquela época é peça-chave para entender como pensava a sociedade brasileira em seus primeiros anos.

Também é interessante notar que conceitos como o **darwinismo social** e o **evolucionismo social** influenciaram a construção do pensamento científico no início do Museu Nacional. Schwarcz (2002) assinala que, na ciência do período, as duas teorias acerca do desenvolvimento da cultura, embora se aproximassem em alguns pontos, tinham distinções que foram importadas para o Brasil e usadas de uma forma um tanto singular. A autora comenta que o evolucionismo social se diferenciava do darwinismo social porque que não tinha uma visão determinista quanto ao processo de desenvolvimento cultural. Assim, a primeira proposta da época defendia que todas as culturas existentes pertenciam a um único processo de evolução das sociedades humanas. Logo, todos os grupos sociais estariam incluídos em um processo de desenvolvimento e de possível progresso.

Em contraposição a essa ideia, o darwinismo social introduziu a ideia da existência de três raças que dividiriam a humanidade. Tal divisão determinaria a possibilidade de um progresso das culturas; nesse caso, "raças inferiores" não poderiam chegar ao "nível de civilização" que os povos europeus haviam atingido. Essa segunda proposta chegava a incentivar a eugenia, considerando que a miscigenação acarretaria uma "degeneração" das melhores raças (Schwarcz, 2002).

Pela apresentação da autora, percebemos que as duas propostas partiam de uma visão etnocêntrica e racista, no sentido de que viam nas culturas e nos povos não europeus uma inferioridade. A diferença entre elas reside na unidade ou não da humanidade, assim como na possibilidade de desenvolvimento das culturas conforme os padrões europeus, obviamente.

É com esse raciocínio que Lilia Schwarcz (2002) sustenta que, no Brasil, essas teorias foram trabalhadas de modo singular. Buscou-se unir o darwinismo social à visão evolucionista, mediante a aceitação da teoria racial, mas com arranjos teóricos que permitissem pensar uma evolução do país. Para demonstrar essa percepção, a autora tece algumas considerações sobre João Batista de Lacerda, então diretor do Museu Nacional. Ela evidencia, com base na leitura de artigos publicados no periódico *Os Archivos do Museu Nacional*, que Lacerda propiciou uma mudança de paradigma a partir da qual se passou a enxergar nos indígenas nacionais uma inferioridade civilizacional, com base na ideia de uma humanidade com diversas origens, embora se defendesse a possibilidade de uma evolução da civilização (Schwarcz, 2002).

Quando refletimos sobre o que foi exposto até este ponto, compreendemos de que forma o Museu Nacional se revelou como importante instituição para a representação da expansão do conhecimento científico em solo nacional. Houve uma incessante busca por aumentar seu acervo de coleções de objetos nacionais, bem como grandes esforços para produzir uma revista científica, na qual os conteúdos estavam em sintonia com as discussões que existiam na Europa. Esse cenário aponta para o objetivo de tornar o conhecimento científico no Brasil tão pujante quanto era na metrópole europeia. Todavia, para realizar isso, era preciso sanar a dificuldade quanto ao preconceito de que o Brasil se constituía em uma mera colônia marcada pela miscigenação. Desse contexto decorreram os esforços em gerar uma explicação para o desenvolvimento das sociedades, pautada em um conhecimento racista e etnocêntrico, mas com a indicação da possibilidade de evolução social. Com relação a esse aspecto, vale enfatizar a crítica de que, sustentando o conhecimento nessas bases, as elites intelectuais ajudaram a disseminar no Brasil a estrutura racial e econômica que manteve as desigualdades observadas no país até hoje.

Indicação cultural

BENDEGÓ – Luisa Lacerda e Renato Frazão. Disponível em: <https://www.youtube.com/watch?v=Lora8pfhGIo>. Acesso em: 12 jul. 2022.

O relatório *Meteorito de Bendegó: histórico do meteorito de Bendegó, tentativas feitas para sua remoção do sertão da província da Bahia para o Museu Nacional, 1888-1928* (Carvalho, 1928) é um importante documento no qual se relatam a remoção e o transporte do Bendegó (Figura 5.1), um dos maiores meteoritos do mundo. Ele caiu originalmente na Bahia, em 1785, e só passou a ser exposto no Rio de Janeiro em 1888. É muito conhecido devido à dificuldade de levá-lo para a então capital do país. Por conta de seu tamanho e peso, o transporte do meteorito foi uma verdadeira obra de engenharia.

Figura 5.1 – Meteorito de Bendegó

Celso Pupo / Fotoarena

No vídeo indicado, você poderá ouvir uma canção que conta de forma poética a história desse grande patrimônio histórico brasileiro, relacionando-o ao desenvolvimento do Museu Nacional. A música foi composta por Renato Frazão e Claudia Castelo Branco e, na indicação, é interpretada por Renato Frazão e Luísa Lacerda.

Outra instituição museológica que é importante para compreender o desenvolvimento da pesquisa científica no Brasil é o **Museu Paraense**. Sua fundação se deu em decorrência da intenção, por parte de uma elite intelectual local, de construir um museu no centro da região amazônica, lugar visto como privilegiado para as pesquisas naturalísticas da época (Schwarcz, 2002). De acordo com Lopes (1997), o objetivo inicial era elaborar um centro de ensino superior, com aulas semanais ministradas pelo conselho administrativo. Desde a sua fundação, o museu já era bem frequentado e contava com coleções importantes de minerais brasileiros e europeus, além de ter recebido uma coleção ornitológica fruto de uma intermediação, feita pelo cônsul inglês Edgar Leopold Layard, entre o Museu Paraense e o Museu Austro-Africano.

A partir de 1872, com a saída de Ferreira Pena da diretoria do museu, a instituição aos poucos foi perdendo prestígio, em razão da falta de verba. Foram feitas algumas tentativas de mantê-lo, tais como a intenção de trazer algumas coleções do Museu Nacional e a volta de Ferreira Pena para o cargo que ocupava. Entretanto, em 1888, o Museu Paraense foi anexado à Biblioteca Pública, momento em que surgiu a possibilidade de "suprimi-lo", em virtude de seu estado de preservação (Lopes, 1997).

O Museu Paraense só passou a readquirir relevância – sendo, inclusive, reinaugurado – em 1891, em consequência da importância que o Estado voltou a ter por conta do aumento do valor da borracha. Mas o processo de reconstrução do museu só chegou ao seu ápice quando o naturalista Emílio Augusto Goeldi, recém-demitido do Museu Nacional, foi contratado para ser seu diretor (Schwarcz, 2002). Goeldi foi o responsável por um processo de reestruturação do museu, delimitando uma distinção entre os períodos anterior e posterior à sua chegada (Lopes, 1997).

Segundo Nelson Sanjad (2006), o trabalho de Emílio Goeldi não o coloca somente no contexto de uma expansão das ciências em solo nacional, mas também em um pioneirismo no sentido de produção científica na região da Amazônia. Seu objetivo durante o tempo em que esteve à frente do museu vinculava-se a um esforço pessoal e institucional para o desenvolvimento de um compêndio de informações sobre a fauna brasileira. Vale salientar que, em razão da falta de verbas e de livros suficientes para fazer a catalogação da fauna encontrada, foi preciso que o museu se aliasse a organizações estrangeiras. Assim, o contraponto foi a inserção da instituição no círculo da museologia internacional, visto que sua localização privilegiada permitia enviar para fora espécimes que eram pouco conhecidos.

Sanjad (2006) aponta que esta era apenas a primeira parte do projeto de Emílio Goeldi, que pretendia, de fato, compreender os modos de vida e seus espalhamentos geográficos na região amazônica. Para além do entendimento da fauna e da flora local, Emílio Goeldi também fez grandes avanços em pesquisas e escavações arqueológicas e etnográficas sobre as populações locais. Lúcio Menezes Ferreira (2009a) menciona que as pesquisas se deram em um contexto de colonialismo, por meio de uma espécie de colonização simbólica da região, o que ocorreu em virtude da tentativa de estabelecer um controle dos objetos, do passado e da descrição racial que buscava justificar o processo de imperialismo sobre as populações locais.

Vale salientar que, no caso de Emílio Goeldi, tal processo de colonização simbólica não se deu da mesma forma que se observou com muitos de seus contemporâneos. Ele, aliás, questionava as explicações de alguns estudiosos de sua época, afirmando que estas careciam de lógica (Ferreira, 2009a). O tipo de pesquisa ao qual Emílio Goeldi se opunha era aquela que Lúcio Ferreira chama de *nobiliárquica*, a qual estaria vinculada aos estudos desenvolvidos pelo Instituto Histórico e Geográfico Brasileiro (IHGB), por meio dos quais se buscava, através dos objetos recuperados de trabalhos arqueológicos, reconstruir um passado "nobre" para os indígenas brasileiros. Ou seja, tratava-se de encontrar no passado dos grupos indígenas uma ligação com antigos povos das regiões europeia, asiática ou africana, que poderiam ser os egípcios, os *vikings*, os fenícios ou, ainda, outros povos europeus. O objetivo era demonstrar que o que havia acontecido nas terras brasileiras consistiu em uma degeneração das "raças civilizadas" cujos descendentes agora ocupavam a região, as quais poderiam ser restauradas pelo processo de colonização (Ferreira, 2003).

Entretanto, Emílio Goeldi, embora tenha se oposto a esse tipo de pesquisa, não deixou de participar do projeto colonial. Suas pesquisas ajudaram na demarcação do território do Pará. Com base em alguns outros autores, Ferreira (2009a) comenta que as expedições arqueológicas coordenadas por Emílio Goeldi, ao trazerem peças científicas para o Museu Paraense, passaram a compor aquilo que seria o patrimônio do Estado.

Há outros museus fundados durante o século XIX e que tiveram importante representação na construção e no espalhamento de uma mentalidade científica no Brasil. Contudo, os dois que analisamos nesta seção bastam para que possamos ter um panorama inicial aceca da concepção dos primeiros museus na realidade nacional. De forma geral, ambos estavam comprometidos com uma perspectiva colonial, porém também se preocupavam em construir um passado e uma identidade para as populações e elites que formariam a base da nova nação. Nesse cenário, sempre se procurou vincular o que estava sendo produzido no Brasil àquilo que havia de mais novo no cenário europeu. Dessa maneira, construiu-se uma ciência que justificava o processo de exploração e extermínio dos povos locais, com base em um ideário racial que colocava os povos indígenas sob o signo da degeneração.

5.2 O surgimento de novos museus no Brasil

O primeiro momento da musealização no Brasil, de acordo com Mário Chagas (2009), teve como foco a construção de uma sistematização e de um corpo de conhecimento que disciplinava o que se poderia pensar e saber. Assim, havia maior proximidade com os interesses da elite local que se estabelecia. Ao se basear em um livro produzido por Guy de Hollanda, Chagas (2009) procurou desenvolver um mapeamento temporal da fundação dos museus durante os séculos XIX e XX. A partir desse mapeamento, o autor concluiu que foi somente durante a década de 1930 que o Brasil passou por um processo acelerado de modificação da forma como os museus eram produzidos, em decorrência de uma rápida transformação social (Chagas, 2009).

Para analisar esse novo cenário do desenvolvimento museológico brasileiro, Chagas (2009) apresenta alguns pensadores nacionais que tiveram grande impacto na construção da imaginação museal no

Brasil. Para o caso deste livro, vamos nos concentrar na visão de dois autores, cujos ideais propiciaram a criação de dois museus: Gilberto Freyre, que influenciou a criação do Museu do Homem do Nordeste, e Darcy Ribeiro, que, com suas ideias, serviu de base para a construção do Museu do Índio. Os dois museus foram selecionados porque, além de serem importantes, ilustram muito bem a distinção entre os museus do período do século XX e o que era produzido durante o século XIX.

5.2.1 O Museu do Homem do Nordeste

Para compreender o percurso histórico que deu origem ao Museu do Homem do Nordeste, é preciso considerar que essa instituição estava ligada a uma ideia desenvolvida anteriormente, que diz respeito à inauguração de um Museu de Antropologia como parte da criação do Instituto Joaquim Nabuco de Pesquisa Social. Desde esse período, esse museu estaria vinculado à apresentação de um tipo de regionalidade nordestina, a partir de um olhar que apontava para a totalidade dos modos de viver das pessoas da região. No entanto, foi somente em 1979 que se deu a instituição do Museu do Homem do Nordeste, por meio da fusão de três outros museus: o Museu de Antropologia (1961-1979), o Museu do Açúcar (1963-1977) e o Museu de Arte Popular (1955-1966).

Como já mencionamos, o idealizador desse museu foi o sociólogo e antropólogo Gilberto Freyre. Essa idealização foi embasada em duas influências importantes: o **Museu do Homem**, em Paris, e a **teoria culturalista de Franz Boas** (Rangel, 2010). Com relação à primeira influência, é relevante notar que o museu parisiense retrata uma observação da humanidade de forma universalizante. Pautando-se por essa perspectiva, ganha-se um aspecto eurocêntrico e datado que cria um estereótipo dos povos não europeus e justifica-se o processo de colonização e dominação. Do mesmo modo, o Museu do Homem do Nordeste, desenvolvido por Gilberto Freyre, acabava por naturalizar uma série de relações sociais dos períodos expostos, como a relação entre os senhores e seus escravos (Chagas, 2009).

Já no que tange à segunda influência, esta pode ser encontrada no culturalismo boasiano. Silvana Barbosa Lira de Araújo (2014) afirma que, conforme esse pensamento, um grupo de costumes iguais pode apresentar significados diferentes em culturas e sociedades distintas. Em razão disso, os estudiosos buscavam compreender os dados culturais em seus contextos específicos. Assim, Gilberto Freyre pensou o Museu do Homem do Nordeste como um local no qual os objetos que representam os modos de vida do período ao qual pertencem fossem contextualizados. Nessa ótica, ele poderia ensinar àqueles que frequentassem os museus como era a vida nordestina (Araújo, 2014).

Outro efeito que o pensamento de Franz Boas teve sobre a visão de Gilberto Freyre se refere ao que o diferenciava da visão de outros, como Mário de Andrade. Portanto, a influência da teoria culturalista lhe permitiu desenvolver uma visão que privilegiava as diferenças regionais. Desse modo, ele observava a pluralidade que existia dentro do Brasil (Chagas, 2009).

De qualquer forma, foi Aécio de Oliveira, tendo como suporte o pensamento freyriano, que teve a concepção da primeira exposição do museu. Essa exposição, sobre a qual Oliveira forjaria a ideia de uma "museologia morena", buscava apresentar o homem do Nordeste, algo que se fez presente em todo o desenvolvimento e montagem do museu a partir de então. Nesse sentido, os objetos que ali foram expostos estavam relacionados entre si e com o homem, de forma contextualizada (Araújo, 2014). Assim, o museu se distinguia de outros museus do passado, os quais tinham um estilo evolucionista, taxonômico e classificatório. Essa "museologia morena" passou a influenciar o que era produzido em termos de museologia nas regiões Norte e Nordeste (Chagas, 2009). Nesse contexto, vale reconhecer o próprio esforço de Aécio de Oliveira em desenvolver essa nova visão para os museus. Ele foi o fundador do Departamento de Museologia do Instituto Joaquim Nabuco de Pesquisa Social, e entre suas principais ações estava a promoção de uma série de encontros entre museus em nível estadual, regional e nacional. Tais relações ajudaram a estabelecer um contato entre diferentes instituições museológicas, contribuindo para consolidar laços e apontando saídas para problemas que elas poderiam ter em comum (Araújo, 2014).

É possível perceber que o Museu do Homem do Nordeste teve uma proposta museológica muito diferente daquela apresentada tanto pelo Museu Nacional quanto pelo Museu Paraense Emílio Goeldi. Porém, antes de ressaltarmos essas diferenças, precisamos abordar o Museu do Índio, visto que, além de se distinguir dos museus do século XIX, ainda era muito diferente do museu idealizado por Gilberto Freyre. Dessa forma, adicioná-lo a esse quadro comparativo pode nos revelar diversas facetas interessantes a respeito dos museus do século XX. Se buscamos compreender o Museu do Homem do Nordeste com base na visão de seu idealizador e de suas principais influências, é por esses mesmos caminhos que devemos analisar o caso do Museu do Índio.

Indicação cultural

MUSEU do Homem do Nordeste 360°. Disponível em: <https://www.youtube.com/watch?v=5ECQjhxjMfc&t=8s>. Acesso em: 12 jul. 2022.

Assista ao vídeo indicado e faça um *tour* virtual em 360° por todo o espaço do Museu do Homem do Nordeste. Trata-se de um exemplo muito interessante de inovação vinculado aos museus contemporâneos. Vídeos como esse possibilitam a um maior número de pessoas ter acesso às coleções museológicas. Essa indicação em específico permite que haja uma melhor compreensão das influências e transformações pelas quais o Museu do Homem do Nordeste passou desde sua criação.

5.2.2 A fundação do Museu do Índio

De acordo com Mário Chagas (2009), o Museu do Índio fez parte do processo de trabalho desenvolvido por Darcy Ribeiro, revelando uma espécie de amálgama de sua jornada como etnólogo, político e educador. Nesse sentido, compreender algumas de suas referências para a produção do museu envolve compreender também uma parte importante e significativa de sua história. O que se destaca em relação a esse aspecto é a relevância que seu pertencimento ao **Serviço de Proteção aos Índios (SPI)** teve na construção de seu pensamento.

Sandra Martins Farias (2008) afirma que o SPI foi fundado ainda durante o século XX e comandado pelo Marechal Cândido Mariano da Silva Rondon, na tentativa de solucionar os conflitos entre os proprietários de terra da zona rural e os indígenas que viviam no interior. Essa instituição recebeu enorme influência do pensamento positivista, o qual estava focado na ideia de que os indígenas eram povos que ainda não tinham alcançado o estado de civilização. Assim, eles deveriam ser tratados de forma não violenta, buscando-se preservar sua cultura e seu território, até que eles pudessem atingir o mesmo patamar civilizacional em que o resto da sociedade brasileira estava (Farias, 2008).

Com base em textos produzidos pelo próprio Darcy Ribeiro, Chagas (2009) argumenta que a perspectiva de proteção aos índios assumida por Rondon foi muito importante para a construção do Museu do Índio desenvolvido por Ribeiro. Isso não é de se estranhar, tendo em vista que o próprio museu foi fundado no bojo do SPI (Chagas, 2009). Além disso, uma segunda importante influência para a fundação do Museu do Índio foi o já mencionado **culturalismo de Franz Boas**, no sentido de apresentar os objetos expostos com a intenção de demonstrar seus contextos de uso. Sob essa lógica, Darcy Ribeiro tinha o objetivo, a partir dessa tradição, de alterar a forma como a sociedade nacional via os povos indígenas, revelando-os como possuidores de uma cultura, uma forma de viver, pensar e sentir que lhes era própria – concepção muito distante da ideia do indígena selvagem, vigente na época (Farias, 2008).

A unificação dessas duas influências foi necessária para produzir um museu que Farias (2008) considera *sui generis* em relação aos demais museus da época. Ele surgiu relacionando áreas muito distintas do conhecimento (antropologia, museologia e patrimônio histórico), além de buscar apresentar a um público muito distinto – desde estudantes secundários até os próprios membros dos grupos indígenas – a variabilidade das diferentes culturas dos povos indígenas do país. Isso porque, desde a sua fundação, o museu tinha uma dimensão política no sentido de combater os preconceitos existentes na época em relação aos povos Indígenas. Sob essa perspectiva, ao propor a fundação do Museu do Índio, Darcy Ribeiro objetivava questionar a visão que se tinha do indígena e que era corrente na sociedade. Tal conceituação era fruto de uma homogeneização dos diferentes povos que existiam, além de uma visão preconceituosa baseada na ideia de selvageria somada à influência estereotipada dos indígenas americanos produzida pelos filmes e pela mídia. Todas essas características eram reforçadas por muitos museus antropológicos da época. Nesse sentido, o Museu do Índio se preocupou em se diferenciar e construir laços entre os povos indígenas e os grupos não indígenas, enfatizando as semelhanças, e não as diferenças (Chagas, 2009).

5.2.3 Museus do século XX: novas perspectivas

Tanto no Museu do Homem do Nordeste quanto no Museu do Índio, podemos notar uma relativa mudança de foco em relação às instituições museológicas do século XIX. E isso somente por serem museus de tipos diferentes, uma vez que a museologia do século passado estava ligada à história natural, enquanto a do século recente apresenta um caráter mais variado. Os museus citados, que claramente têm objetivos antropológicos, exemplificam essa alteração.

Mas há também outra diferença, que diz respeito à descontinuação da visão puramente colonial do território. Os museus do século passado estavam preocupados em espalhar o conhecimento científico no território brasileiro e procuraram, paralelamente, consolidar uma cultura nacional, fazendo constante uso do trabalho estrangeiro, sendo muitas vezes usados como ponto de extração para os museus europeus. Por sua vez, os museus do século posterior encontraram um Brasil que já havia passado pelo processo de independência e tinha uma ciência já mais consolidada. Assim, longe de outras preocupações, tais instituições puderam desenvolver acervos que refletiam novas ideias, muitas vezes até mesmo contrárias ao que era feito anteriormente. O Museu do Homem do Nordeste, por exemplo, pôde concentrar seus objetivos na construção de uma imagem do que seria propriamente o regionalismo nordestino. Sem precisar se ater ao propósito de unificar o território e a nação brasileira, tal museu questionou os regionalismos e construiu uma visão do nordestino. Vale ressaltar que, embora essa característica o tenha diferenciado do trabalho homogeneizante do século anterior, não fez dele menos homogeneizador em outros níveis. Em outras palavras, não deixou de ser baseado no Museu do Homem de Paris, razão pela qual tampouco deixou de construir uma imagem do Nordeste que não fosse passível de questionamentos e críticas, considerando-se que reificou as estruturas sociais locais, como o patriarcalismo e o preconceito racial.

Por outro lado, o Museu Nacional e o Museu Paraense Emílio Goeldi ainda montavam suas coleções arqueológicas e antropológicas com base em uma imagem dos indígenas fundada sobre um pressuposto racista e que negava a esses seres uma humanidade completa. Em contraposição a essa visão, o Museu do Índio buscou subverter essa lógica das diferenças, pautando-se na observação das coincidências, com o objetivo de construir, assim, uma nova visão dos povos indígenas que residiam no território.

No que tange a ambos os museus do século XX destacados anteriormente, observamos que eles tiveram como perspectiva o culturalismo boasiano como parte de seu processo de construção teórica. É interessante considerar tal fato porque essa mesma teoria, em parte, já jogava luz sobre o problema relacionado ao modo como os objetos museológicos eram expostos. Desse modo, esses museus estavam mais munidos teoricamente para questionarem seus próprios papéis institucionais. Isso não significa que os museus do século XIX não conhecessem seus papéis no que se refere à construção do pensamento social. Como já mencionamos, eles tinham consciência de sua importância educacional. Contudo, os museus do século subsequente, em virtude dos avanços teóricos, tinham melhores condições de fazerem questionamentos dessa natureza. Nesse sentido, o Museu do Índio recebeu um grande destaque como ponto de inflexão e luta contra os preconceitos.

De toda forma, a comparação entre esses museus fortalece a observação que já havíamos feito acerca da importância de se questionar os objetos colecionados, bem como as formas como são coletados e como são expostos. Isto é, torna-se cada vez mais evidente que mais importante do que os objetos colecionados é a forma como eles são pensados, expostos e vivenciados por quem com eles tenha contato. Isso não significa que os objetos não sejam importantes. O que queremos reforçar aqui é que as fronteiras entre o visível e o invisível nas quais eles, como semióforos, se relacionam não são construídas propriamente neles, mas fora deles. Em outras palavras, o que é visível ou invisível depende mais das construções sociais e dos questionamentos feitos. Nessa perspectiva, pode-se pensar em construir um museu que reifique as relações sociais como o racismo e outros preconceitos afins ou, ainda, um museu que exponha os objetos de forma a universalizar a humanidade, ignorando o que nos distingue como seres humanos. Mas também é possível criar um museu que torne todas essas concepções mais palpáveis e questionáveis.

Cabe ressaltar que o colecionismo tem seu valor, o qual pode ser mensurado desde a Antiguidade até os dias de hoje, desde os antigos antiquários até os museus mais recentes. Além disso, cada forma de colecionismo reflete seu período, seu contexto social e as ideias e teorias de seus colecionadores. Desse modo, os museus devem ser vistos como instituições que não se limitam à condição de meros depósitos de objetos ou de lugares aos quais os pesquisadores se dirigem para terem acesso a material de estudo. É preciso estar disposto a questionar quais são seus objetivos e o que eles ensinam, constroem e reificam.

Síntese

Neste capítulo, examinamos o desenvolvimento do colecionismo no Brasil. Para isso, voltamos nosso olhar para a construção de museus e sua ligação com a criação e o desenvolvimento da ciência em solo nacional. Assim, observamos a importância que o Museu Nacional e o Museu Paraense Emílio Goeldi tiveram nos primeiros anos de formação do país, pois, além de terem se constituído em locais de estudo e pesquisa, também propiciaram a construção de ideais de nação. Ademais, essas instituições foram epicentros da divulgação de conceitos como o evolucionismo e o darwinismo social, contribuindo, assim, para a proliferação de noções racistas.

Na sequência, analisamos a evolução dos museus durante o século XX, os quais apresentaram novas perspectivas e formas de encarar a função de suas exposições. Para uma melhor compreensão de como se deu esse processo, direcionamos nossos estudos para os exemplos do Museu do Homem do Nordeste e do Museu do Índio. Ambos foram inspirados pelo culturalismo boasiano, o que contribuiu para uma nova perspectiva referente à montagem de coleções, pautada na conceituação dos bens culturais como guardadores de significados que devem ser observados enquanto estão expostos.

Atividades de autoavaliação

1. Sobre o colecionismo no Brasil entre os séculos XVIII e XX, podemos afirmar que o país ocupou um lugar singular dentro da economia de objetos e bens culturais. Nesse sentido, assinale a alternativa **incorreta**:
   a) As coleções museológicas brasileiras desde seus primeiros anos seguiram os moldes europeus em todos os sentidos, apresentando inclusive o darwinismo social como única teoria para explicar a variabilidade humana.
   b) O Brasil ocupou um lugar dúbio dentro do ambiente colecionista. Por um lado, foi alvo de constante extração de objetos e bens culturais para nutrir os museus europeus; por outro, buscou construir museus em solo nacional.
   c) O Museu Nacional foi um dos primeiros museus a serem inaugurados em terras brasileiras, como forma de transformar a colônia em uma extensão da monarquia. Em seu início, teve problemas por conta da falta de objetos para exposição, tendo em vista que muitos destes foram enviados para a Europa.
   d) O Museu Paraense Emílio Goeldi deve ser observado em sua importância relacionada à expansão na produção científica na região da Amazônia. Logo, é necessário destacar sua função na colonização, pois seu objetivo inicial era promover o desenvolvimento de um centro de ensino superior.
   e) O desenvolvimento científico do Brasil só se iniciou, de fato, com a chegada da família real portuguesa. Porém, podemos mencionar a Casa dos Pássaros como um exemplo do papel desempenhado pelo país no âmbito do ecossistema colecionista.

2. Quanto aos museus brasileiros de meados do século XX até a atualidade, assinale a alternativa **incorreta**:
   a) O Museu do Índio foi fundado tendo como um de seus principais objetivos a busca por combater uma visão preconceituosa que os não indígenas tinham sobre as comunidades indígenas.
   b) O Museu do Homem do Nordeste foi muito importante para a construção do que foi chamado de "museologia morena", tendo um grande impacto sobre a museologia desenvolvida nas regiões Norte e Nordeste.

c) O culturalismo de Franz Boas é uma das principais caraterísticas que unem os pensamentos de Darcy Ribeiro e de Gilberto Freyre, impactando a forma como eram feitas as exposições do Museu do Índio e do Museu do Homem do Nordeste.

d) Com relação à idealização do Museu do Homem do Nordeste, o Museu do Homem de Paris foi uma das principais influências de Gilberto Freyre. Os dois museus compartilham uma espécie de naturalização das relações sociais expostas.

e) Darcy Ribeiro não foi influenciado pela visão do Marechal Cândido Mariano da Silva Rondon na fundação do Museu do Índio. Isso porque o marechal era influenciado pela visão positivista, segundo a qual os indígenas não tinham chegado ao estágio de civilização.

3. Quanto ao desenvolvimento da museologia no Brasil, alguns autores se destacam, dada a sua importância para a construção e a consolidação dos museus nacionais e para o desenvolvimento do pensamento científico. A esse respeito, assinale a seguir a alternativa correta:

a) Emílio Goeldi foi um grande defensor do pensamento nobiliárquico, tendo como tese principal a ideia de que os indígenas brasileiros eram descendentes diretos de grandes civilizações da Europa, da Ásia ou da África.

b) Darcy Ribeiro teve no antropólogo Franz Boas uma de suas grandes influências, pois buscava apresentar bens culturais no Museu do Índio de forma a contextualizar seus usos.

c) João Batista de Lacerda não apresentava em sua perspectiva nenhuma concepção de diferença racial. Aliás, ele se opunha a ideias desse tipo, porque defendia que a miscigenação é algo a se destacar dentro da sociedade nacional.

d) Gilberto Freyre não recebeu influência do Museu do Homem, pois sua perspectiva estava muito mais próxima de outras teorias, como as que levaram Darcy Ribeiro à criação do Museu do Índio.

e) O culturalismo de Franz Boas impactou fortemente a perspectiva de Darcy Ribeiro, mas exerceu pouca influência sobre autores como Gilberto Freyre.

4. Especificamente com relação ao Museu Nacional, assinale a alternativa **incorreta**:
   a) Teve como uma das principais motivações para a sua criação o desenvolvimento e a consolidação da ciência em solo brasileiro.
   b) Teve entre seus principais cientistas iniciais ao menos um que defendia que as etnias não europeias eram "atrasadas" evolutivamente, mas que, mesmo assim, ainda poderiam se desenvolver em razão da influência de uma sociedade mais moderna.
   c) Em seus primeiros anos, enfrentou dificuldades para constituir suas coleções, principalmente em razão da falta de verba e do fato de que muito do que era coletado era enviado a museus estrangeiros.
   d) Existia antes da chegada da família real ao Brasil e foi muito pouco impactado por esse evento, visto que, nessa época, a ciência já tinha se consolidado no país.
   e) Pela análise da revista *Os Archivos do Museu Nacional* e de seus estatutos iniciais, é possível perceber sua tendência nacionalista, pois o documento ressalta, por exemplo, que, para ser diretor do museu, era necessário ser um nacional.

5. Fazendo uma comparação entre os museus do séculos XVII até o final do século XX e os museus que começaram a se formar em meados do século XX até a atualidade, assinale a alternativa correta:
   a) Tais museus em nada se diferenciam. Podemos afirmar que os mais recentes foram fundados como uma continuidade do trabalho de seus anteriores, concordando-se com suas principais teses e perspectivas.
   b) Os museus mais recentes eram grandes defensores de ideias como o evolucionismo social e o darwinismo social. Já os primeiros foram impactados por perspectivas como o culturalismo boasiano.
   c) Os museus dessas épocas têm grandes diferenças, tanto em seus marcos teóricos quanto em seus objetivos. Se os primeiros tinham como objetivo o desenvolvimento da ciência nacional, os mais recentes estavam mais munidos teoricamente para questionar seus papéis na construção do pensamento brasileiro.

d) Há grandes diferenças, pois os primeiros museus foram fundados em um momento no qual a ciência já estava consolidada em solo nacional, ao passo que os mais novos foram criados em um período de escassez teórica nacional e internacional.

e) Em nada se diferenciam, e isso é plenamente justificável pelo fato de que o Brasil sempre foi um celeiro de exploração e obtenção de objetos para serem levados ao estrangeiro. Assim, houve pouco espaço para construções teóricas em território nacional.

Atividades de aprendizagem

Questões para reflexão

1. Tendo em vista o desenvolvimento da museologia no Brasil, quais foram os principais agentes motores de transformações? Em outras palavras, a criação dos museus no país sempre foi voltada para a satisfação de quais atores sociais? Pode-se afirmar que, na atualidade, esse cenário tenha mudado?

2. Considerando o que estudamos até este momento, qual é a importância dos museus e da museologia em geral? Por que são construídos e por qual razão devem ser preservados? Eles ainda têm o mesmo impacto que tiveram no passado? Como esse impacto pode ser descrito?

Atividade aplicada: prática

1. Agora que estudamos o desenvolvimento dos museus na Europa e no Brasil, chegou o momento de avançarmos para a prática. Nesta atividade, procure descobrir se há um museu ou centro cultural na cidade em que você reside e faça uma pequena pesquisa sobre a história desse local. Busque compreender quais foram os motivos de sua fundação, as principais influências sofridas por seus organizadores e se existem pesquisadores vinculados a essa instituição.

6

O patrimônio e seus novos desafios: o contexto do patrimônio e da arte no início do século XX

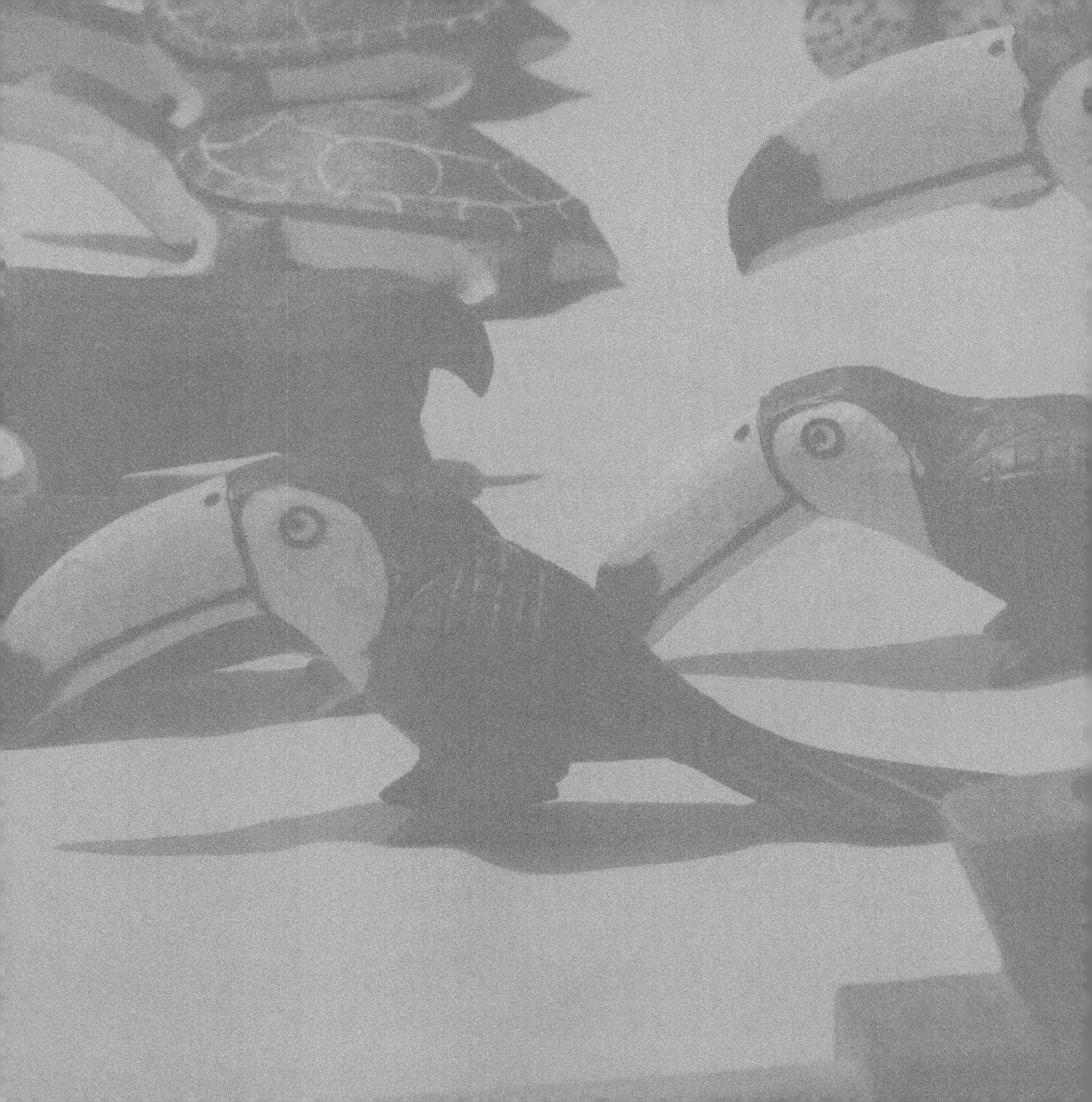

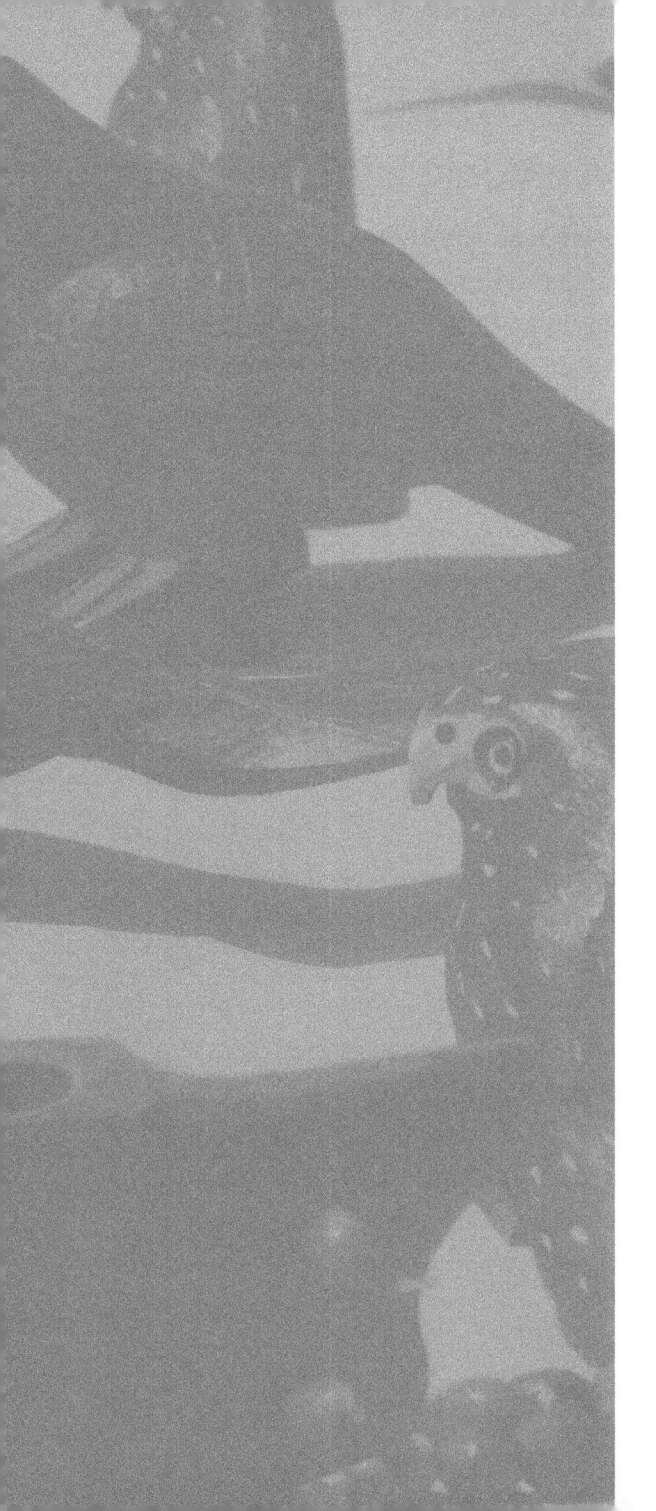

O século XXI, mesmo tendo iniciado recentemente, experimenta uma rápida expansão das tecnologias, das redes de comunicação, dos processos econômicos, das perspectivas políticas, bem como das relações institucionais. Tais transformações geram impactos tanto nas formas de se viver quanto nas de se expressar, além de se fazerem presentes nas áreas do patrimônio e das artes. Assim, poderíamos questionar: De que forma isso está acontecendo? Como isso pode impactar nosso jeito de fazer pesquisa e de fazer ciência? Essas perguntas dificilmente poderão ser respondidas em um futuro tão próximo, pois, para tanto, faz-se necessário um grande esforço reflexivo e comunitário.

Neste capítulo, examinaremos alguns importantes temas que facilmente se desdobrariam em novas pesquisas, teses, livros e propostas teóricas. Não é nossa intenção dar conta de todo o estudo que envolve tais elementos, tampouco elencar todos os argumentos e perspectivas possíveis acerca dessas temáticas. Nosso objetivo é apresentar algumas ideias e noções relacionadas às questões que têm atingido o começo do século e que se mostram como desafios e soluções neste novo tempo.

6.1 Museu Nacional: da destruição à reconstrução

Em 2 de setembro de 2018, a população brasileira assistiu a um incêndio que queimou parte de seu patrimônio cultural. Um livro que se propõe a tratar do patrimônio histórico e cultural e que dedica um capítulo para o colecionismo, a criação e a evolução dos museus no Brasil não poderia deixar de reservar ao menos algumas linhas para abordar esse fato. Ademais, se já discutimos a importância dos museus para a construção de pensamentos e ideias sobre a sociedade, também devemos concordar que sua destruição e sua futura reconstrução suscitam novas discussões.

O caso do incêndio no Museu Nacional é emblemático em virtude da história e da importância dessa instituição. No capítulo anterior, mencionamos que ele foi fundado com o objetivo de ser o espaço por meio do qual a ciência se expandiria no Brasil. Além disso, o museu foi uma espécie de local privilegiado para a construção da ideia de uma nação brasileira, mediante a reprodução e a reconstrução de narrativas científicas da época, a fim de garantir a dominação dos europeus colonizadores sobre o patrimônio cultural dos povos que aqui viviam. Dessa forma, mostramos como, por um lado, sua fundação foi de grande importância para o início do processo científico no Brasil e como, por outro, ele representou o pensamento dominante da época. Assim, o Museu Nacional assumiu um espaço bastante ambíguo, mas de inegável relevância para o Brasil em suas primeiras décadas. Olhar para tais fatos diante da imagem do museu em chamas gera sentimentos mistos, principalmente tristeza em face da destruição do patrimônio do país, de um espaço de estudo e trabalho para uma série de cientistas, pesquisadores, curadores, restauradores e demais pessoas vinculadas à instituição.

Feitas essas considerações iniciais, necessárias considerando-se o peso do acontecimento, cabe ressaltar que analisar o incêndio do Museu Nacional alguns anos depois nos ajuda a pensar em todas as significações que esse evento pode trazer para a área de estudos do patrimônio cultural. Nessa ótica, a primeira questão a se observar é que esse desastre não foi um fato isolado na história recente do país, pois foi precedido e sucedido por outros incêndios, a saber: o Museu de Arte Moderna do Rio de Janeiro, em 1978; o Instituto Butantan, em 2010; o Memorial da América Latina, em 2013; o Museu de Ciências PUC-Minas, também em 2013; o Centro Cultural de Artes e Artesanato do Liceu, em 2014; o Museu da

Língua Portuguesa, em 2015; a Cinemateca Brasileira, em 2016; o Museu de História Natural da UFMG, em 2020; e, novamente, a Cinemateca Brasileira, em 2021 (Mello, 2020; Pinheiro; Deus; Pinto, 2021).

Isso demonstra que, em um curto período, grande parte do patrimônio histórico, cultural e científico nacional teve o mesmo fim. Esses eventos, por si sós, deveriam nos alertar para o estado a que a história, a ciência e a arte no Brasil estão sendo relegados. Ao examinar esse panorama, Louise Cardoso de Mello (2020) relaciona o incêndio no Museu Nacional a uma espécie de política de destruição do patrimônio cultural do país, em virtude do corte de verbas para o financiamento à pesquisa e para a manutenção dos espaços. Tais efeitos são mais observáveis em outros museus, como o Museu do Ipiranga, o Museu do Índio e o Museu de Arte de Brasília, que foram interditados, além do próprio Museu Nacional, cujas verbas de reconstrução foram reduzidas em cerca de 20% no ano de 2019 (Mello, 2020). Aliás, quando analisamos a história do Museu Nacional e do Museu Paraense, vimos que a falta de verbas já era um problema, mas ainda havia certo esforço estatal voltado à expansão da ciência, o que parece ter se perdido com o decorrer do tempo. Dessa forma, os fatos narrados também revelam que parte da sociedade – ao menos, as elites – já não mais se importa com a fixação do conhecimento – não no sentido de conhecer e construir a própria história.

Entretanto, se para uma parte da sociedade o desenvolvimento das ciências e da educação deixou de ser motivo de gastos e apoio, isso não é verdade para outra parcela, que sofreu com o incêndio do museu. Mariane Vieira (2020, p. 6), por exemplo, explica que houve, por parte do corpo institucional do museu, uma "noção de risco que precede o desastre" e que já existia uma movimentação para conseguir verbas que permitissem a manutenção do museu antes de o incêndio ocorrer. A autora conta que já havia um acordo com o Banco Nacional de Desenvolvimento Econômico e Social (BNDES) quanto à obtenção de valores para financiar as reformas. Tais quantias foram em parte utilizadas para os custos de restauro, e não para a manutenção, como se pretendia (Vieira, 2020).

Com relação a esse aspecto, emerge uma importante discussão acerca da maneira como ocorrerá a **construção das memórias do evento**, isto é, como um incidente dessa magnitude será lembrado pelas próximas gerações e como impactará nossa forma de fazer ciência e de cuidar do que sobrou de nosso patrimônio cultural. Sob essa ótica, foram muitos os textos, trabalhos, pesquisas e documentários criados com o objetivo de avaliar os significados e os impactos do incêndio.

Thaís Pinheiro, Cássia de Deus e Diana de Souza Pinto (2021) apresentam um exemplo de análise sobre as narrativas desenvolvidas após o desastre. No caso, as autoras fizeram uma avaliação do programa Mulheres do Resgate, desenvolvido pelo próprio Museu Nacional em suas redes sociais, contando sobre as mulheres envolvidas nos trabalhos de resgate do que sobrou do incêndio. Ao realizarem esse estudo, as autoras resgatam as experiências de mulheres que tinham a vida ligada ao museu para além de suas pesquisas. Nesse sentido, elas demonstram como o incêndio pode ser entendido como um "ponto de virada" na vida dessas mulheres, pois se observa uma busca pessoal de reconstruir e salvar o museu, assim como de trazê-lo de volta às atividades desenvolvidas anteriormente (Pinheiro; Deus; Pinto, 2021). Trata-se de um exemplo de pesquisa que discute a importância e o peso que o incêndio do Museu Nacional teve para o próprio corpo acadêmico da instituição. Mas, para além dessa análise, o trabalho pode ser inserido no contexto de criação de uma memória do evento que, ao lado de muitos outros, consolidará o incidente como um desastre que será sucedido por uma renovação das pesquisas no museu.

Vale destacar que não foram somente os membros do corpo institucional e científico dos museus os impactados pelo incêndio, uma vez que seus efeitos também repercutiram na sociedade. Vieira (2020), ao relacionar o incêndio do Museu Nacional ao que ocorreu na Catedral de Notre-Dame de Paris, revela como os acontecimentos impactaram a opinião pública, por meio da mídia e de intervenções de cunho artístico e científico. Isso levou a sociedade parisiense a contribuir economicamente para a reconstrução do local.

Além disso, foram muitos os atos públicos promovidos para jogar luz sobre os acontecimentos do Museu Nacional. Segundo Vieira (2020), tais atos, somados à divulgação de seus preciosos objetos, ajudaram a impedir que o controle do museu, e do que restou do incêndio, fosse retirado dos cuidados da Universidade Federal do Rio de Janeiro (UFRJ). Observando somente esse aspecto, já podemos discutir a relevância do apoio público para a construção da memória do incidente. Assim, se é importante ressaltar as narrativas do corpo institucional, isso só faz sentido se ele puder se fazer ouvir pelo resto da sociedade. O Museu Nacional nasceu como um patrimônio que construía a ciência no Brasil. Logo, seu incêndio precisava ecoar com o mesmo grau de importância em toda a nação.

Ainda no sentido de construir uma memória do incêndio e de configurar a relevância desse fato para a ciência e a cultura brasileira, também é importante citar o exemplo dos documentários produzidos sobre o desastre. Esse tipo de produção audiovisual é necessário porque, se, por um lado, é uma fonte de conhecimento acadêmico e científico, por outro, consiste em uma reprodução artística de acontecimentos que pode ser acessada por todas as camadas da sociedade. No caso do incêndio do Museu Nacional, três documentários chamam a atenção, cada um produzido por uma agência diferente, mas todos com mensagens muito parecidas: *Explorer investigation: o incêndio no Museu Nacional*, produzido pela National Geographic, com estreia no dia 22 de outubro de 2018; *Resgates*, produzido pela Coordenadoria de Comunicação Social (Coordcom) da UFRJ, com estreia em 19 de setembro de 2019; e *Fênix: o voo de Davi*, lançado pelo canal GloboNews, cuja estreia ocorreu em 29 de agosto de 2021.

Ainda que esses documentários tenham conteúdos distintos, eles retratam o peso e as consequências do incêndio, como a destruição de parte do patrimônio cultural e científico nacional e mundial. Além disso, em seus enredos, todos buscam demonstrar que, para além da destruição causada, existe a possibilidade de reconstrução e de renovação das coleções, a fim de afastar a paralisia que a tragédia poderia proporcionar. Dessa forma, as produções apontam para um reconhecimento da necessidade de se observar o acontecimento não como o fim do museu, mas como um momento de sua trajetória que deverá ser superado.

A replicação dessas ideias é fundamental para constituir a memória do museu e colabora para evitar que a instituição e seu acervo sejam esquecidos, engajando a sociedade para que perceba a necessidade de união e apoio para reconstruí-lo. A própria reconstrução das coleções do museu aumenta o espaço para discussões já existentes, além de expandir o horizonte para novos embates nos campos da museologia e da arquivística.

Com relação à ampliação dos debates já instaurados, existe a percepção de que se deve construir um **acervo antropológico e etnológico novo**, que conte a história dos povos indígenas de modo mais inclusivo. João Pacheco de Oliveira (2020), antropólogo, professor titular e curador das coleções etnográficas do Museu Nacional, apresenta uma visão interessante sobre esse panorama. Ele conta como desde o início de sua carreira sempre ficou incomodado com a maneira como os objetos indígenas eram representados. Estes sempre faziam referência a uma espécie de ciência universal ou história nacional que desconsiderava os indígenas e suas formas de ver o mundo em sua representatividade cultural. Assim, durante toda a sua trajetória, contando com sua experiência de duas décadas como curador do museu, Oliveira (2020) sempre procurou fazer com que os povos indígenas fossem integrados aos museus, com a prerrogativa de se afastar de um "extrativismo cultural" (Oliveira, 2020, p. 12-15). Nessa perspectiva, os objetos não podem ser expostos de forma desvinculada das culturas das quais vieram, isto é, como se estivessem alienados de suas origens.

Com base nas observações de Oliveira (2020), podemos compreender que o Museu Nacional há um bom tempo já não representava a mesma ciência que era feita no século XIX. Desse modo, se o tempo e a sociedade mudaram, o Museu Nacional também deve ser visto como parte desse movimento, fato que revela seu incêndio como algo ainda mais catastrófico e significativo. Ainda assim, o autor faz questão de mencionar que existem diferentes formas de se observar a perda do acervo etnológico do museu.

Oliveira (2020) comenta que a perda da coleção etnológica não pode ser vista da mesma maneira que a de outras coleções e destaca de que modo alguns dos povos indígenas viram esse momento. Para eles, embora a destruição permaneça trágica, existe, na atualidade, a possibilidade de reconstruir o acervo, e essa reconstrução apresenta a possibilidade de se fazer um acervo que conte com uma verdadeira ajuda dos indígenas, sendo que os objetos expostos não terão mais ligação com uma extração colonial de artefatos indígenas. Nessa ótica, tais populações poderão participar ativamente como protagonistas da reconstrução (Oliveira, 2020). A nova coleção poderá partir de uma proposta "radical", e a coleção etnológica será composta mediante a união e o diálogo entre três partes distintas: o público visitante, os trabalhadores da instituição e os povos indígenas que têm sua cultura exposta (Oliveira, 2020).

Por outro lado, Oliveira (2020) menciona outra possibilidade para a reconstrução da coleção etnológica: o uso da **virtualização** e de **novos meios tecnológicos**. O autor afirma que, com a criação de um diálogo internacional com outros museus, objetos que antes não poderiam ser vistos pelo público brasileiro podem ser trazidos para cá por meio dessas novas tecnologias. Além disso, a pandemia de covid-19, que assolou o mundo principalmente nos anos de 2020 e 2021, ajudou na aceleração desses desdobramentos, visto que, fechados os museus, estes passaram a utilizar a apresentação virtual como forma de exibir suas coleções. O autor informa ainda que a incorporação desses processos tecnológicos permite até mesmo a disponibilização desses mesmos objetos aos povos indígenas que colaboraram com o museu. Antes detentores dos bens, agora essas populações podem visualizar o próprio passado. No futuro, isso poderá refletir-se em uma "dupla realidade" dos objetos: de um lado, sua constituição material e, de outro, uma constituição digital, que pode ser exposta virtualmente (Oliveira, 2020). A possibilidade de virtualização do patrimônio cultural é interessante porque retira o caráter puramente material dos objetos, promovendo a ampliação de sua observação. Essa novidade decorre das evoluções tecnológicas, as quais demandarão cada vez mais pesquisas e discussões para entender seu impacto em relação ao conhecimento do passado.

Outro exemplo interessante desses novos desafios é dado por Jorge Dias da Silva Junior (2021), que aborda as dificuldades impostas pela **digitalização dos documentos** usados para recompor o acervo do Museu Nacional. Parte deles não tem como origem um banco de dados do próprio museu, tendo sido doada de outros acervos, arquivos e coleções. Nesse sentido, discute-se como certos princípios da arquivística precisam ser revistos e adequados para a composição da documentação recebida. Como tais documentos provêm de fontes diferentes, por meio da aplicação de processos de arquivamento distintos, torna-se um desafio recorrer a princípios como o da proveniência ou da ordem original (Silva Junior, 2021).

Esse exemplo ressalta a necessidade de realização de novas pesquisas acerca da construção do patrimônio cultural de forma digital. Isso até mesmo porque um olhar acrítico pode desconsiderar problemas decorrentes desse processo, trazendo dificuldades futuras para o fazer científico. De todo modo, os novos meios têm sido introduzidos só recentemente e é preciso que eles sejam medidos, de maneira a avaliar seus impactos. Essa mesma discussão será retomada adiante, a fim observarmos de que modo ela se aplica a outras áreas.

Como podemos perceber, o incêndio no Museu Nacional foi uma catástrofe para a ciência e para a cultura brasileira. Assim, sua destruição também emerge como símbolo para avaliar como tem sido assegurado o cuidado do patrimônio, da arte e da ciência nacional. Esse caso igualmente suscita novas investigações a respeito da constituição da memória, além da reconstrução e reorganização do patrimônio cultural no que tange à virtualização e à constituição de acervos digitais. A escolha desse evento para iniciar nossas reflexões não foi aleatória; decorre da percepção de que ela abre espaço para uma série de discussões que desenvolveremos na sequência deste capítulo.

6.2 Devolução: objetos para suas origens, patrimônio para suas nações

Ao longo de nossa abordagem sobre a constituição das coleções museológicas, mencionamos que elas ocorreram em meio a um processo de colonização. Também concluímos como a exposição desses objetos refletia essa lógica, reificando a autoridade dos colonizadores sobre a vida e o território dos colonizados. Explicamos que o Brasil fez parte desse processo, em uma espécie de dupla dimensão: de um lado, os museus brasileiros serviam para a construção do domínio das elites sobre as comunidades locais; de outro, o território era local privilegiado para a exploração e a tomada de artefatos para serem levados para a Europa. Desde esse momento, a desproporção entre o que era levado e o que ficava foi motivo de irritação por parte dos diretores do Museu Nacional, por exemplo (Lopes, 1997).

Relembrar esse contexto é importante para situar a atual discussão acerca da devolução de objetos. Ela se originou após a Primeira Guerra Mundial, mas só ganhou folego após o fim da Segunda Guerra, com o processo de criação das organizações não governamentais de âmbito internacional, como a Organização das Nações Unidas (ONU) e o Conselho Internacional de Museus (Icom) (Costa, 2019).

Karina Lima da Costa analisa como essas discussões se desenvolveram em âmbito internacional. A autora trata de casos emblemáticos (como a tentativa de repatriação dos bens culturais do Egito e da Grécia), os quais estão relacionados à retirada ilegal de objetos a partir dos períodos de conquistas colonizatórias, por meio de saques, de expedições de pesquisa ou de negociações (Costa, 2018, 2019).

Tais situações estão entre as mais comuns em relação a reivindicações por devolução, ou seja, em que se pretende trazer de volta para seus locais de origem objetos de museus de outras localidades.

Emilly Cristine dos Santos (2019) ainda menciona outro sentido no qual se discute o cuidado com os remanescentes humanos em contextos de arqueologia, isto é, os casos que não se referem a objetos propriamente ditos, mas a ossaturas e a outros objetos mortuários, retirados de escavações arqueológicas para a realização de estudos antropológicos e vinculados ao desenvolvimento da vida de povos anteriores ao processo de colonização. Nesses cenários, é preciso lembrar que, mais do que simples objetos, são corpos de antepassados que merecem ser respeitados e tratados com o zelo que seus descendentes requerem (Santos, 2019).

Para esclarecermos melhor essa temática, temos antes de revisar o significado de alguns conceitos, já que nossa intenção é fornecer um panorama geral sobre tais discussões. Dessa forma, devemos observar a questão tanto do ponto de vista nacional quanto do ponto de vista do exterior. Assim, o que aqui estamos chamando de *devolução* se desdobra, no cenário internacional, em três sentidos distintos. Wojciech Kowalski (2005) apresenta a diferença entre os conceitos de restituição (*restitution*), repatriação (*repatriation*) e retorno (*return*). Cada um desses termos tem um uso específico no cenário exterior.

A **restituição** está ligada ao período da Primeira Guerra Mundial e refere-se à devolução de objetos retirados em saques de guerra. Isso porque, desde a Idade Média, existe um debate relacionado à legitimidade da retirada da propriedade cultural de povos em decorrência da guerra. Nesse primeiro período, a discussão girava em torno do patrimônio sacro, porém, em decorrência dos pensadores do Renascimento e das guerras posteriores, o problema se estendeu a todo tipo de patrimônio nacional e cultural. As leis que regulavam as questões de restituição ganharam dimensão internacional com o Código de Haia, em 1907 (Kowalski, 2005). A construção desse termo jurídico muito se assemelha ao processo descrito por John Henry Merryman para o surgimento do que é por ele chamado de **internacionalismo cultural**. Entretanto, esse autor elege a Convenção de Haia de 1954 como a mais importante, por ter sido a primeira convenção universal a tratar especificamente do tema relativo à proteção dos bens culturais. Na perspectiva de John Merryman, o internacionalismo cultural considera os objetos culturais como patrimônios para toda a humanidade, sem distinções nacionais. Isso classificaria sua importante proteção em tempos de guerra (Merryman, 2016).

Retornando às distinções feitas por Kowalski (2005), temos que o conceito de **repatriação** se refere à devolução dos objetos para os povos ou as etnias de origem – portanto, tem um sentido de direito interno. Contudo, também pode ter um sentido internacional, o que pode ser observado no caso da desagregação de estados plurinacionais. Por fim, o autor apresenta o conceito de **retorno**, situação na qual a devolução da propriedade está ligada à devolução dos objetos e do patrimônio que foram retirados durante o processo colonial.

Kowalski (2005) aponta que a diferença entre retorno e restituição é bem clara quando analisamos os comitês da Organização das Nações Unidas para a Educação, a Ciência e a Cultura (Unesco) que, já em seus termos, traziam a distinção entre a obtenção colonial, associada ao retorno, e a apropriação ilícita, vinculada à restituição. Ressaltar essas diferenças é importante porque existe na literatura da área um uso abrangente do termo *repatriação* para os mesmos casos que poderiam ser designados como *retorno*s. Isso provavelmente porque, como mostrado pelo autor, a palavra *repatriação* acaba tendo um sentido mais amplo, visto que pode representar tanto uma dimensão doméstica quanto uma dimensão internacional. Portanto, trata-se de um esclarecimento muito útil para pensarmos a dupla dimensão em que o Brasil se encontra, uma vez que precisa lidar com os objetos indígenas nacionais que expõe, sem deixar de considerar, também, o fato de que muitos objetos nacionais foram levados daqui para o exterior.

A celeuma em torno da devolução de objetos se iniciou no processo de descolonização. Se antes os povos das ex-colônias tinham as próprias organizações, estas passaram a ficar como que bagunçadas por conta dos governos imperialistas, de forma que os povos, para se desprenderem das amarras coloniais, fizeram uso de novos discursos para mobilizarem suas lutas. Lúcio Menezes Ferreira (2009b), um dos pesquisadores que estudam esse processo, argumenta como a luta pela repatriação de objetos arqueológicos está envolvida em um fenômeno de descolonização. Com base no entendimento desse autor, podemos destacar a existência de, ao menos, dois casos interessantes de repatriação de objetos: os Estados e as minorias internas aos Estados.

O primeiro diz respeito aos próprios **Estados** dos países de ex-colônias. Ferreira (2009b) aponta que, se o patrimônio foi importante para a construção de uma ideia nacional nos países imperialistas, também o seria para a construção e a unificação dos governos nos países que lutaram, e lutam, pela independência. Nessa lógica, existiria uma luta para dar voz aos países marginalizados no processo de colonização, que agora poderiam ganhar espaço. De acordo com o autor, foi por esse motivo que muitos estudiosos se juntaram à discussão, posicionando-se em prol dos grupos duramente saqueados no passado. Assim, haveria a construção de um pensamento deslocado do etnocentrismo ocidental e de uma valorização dos contextos populares (Ferreira, 2009b). Sob essa perspectiva, a aquisição de objetos arqueológicos anteriores ao processo colonial relembraria os cidadãos de um passado em que eles constituíram uma grande nação. Portanto, a aquisição de bens estaria engendrada em um discurso nacionalista muito parecido com o encontrado nos países colonialistas.

Um exemplo interessante desse processo é apresentado por Karina Lima da Costa (2019). A autora revela que o discurso nacionalista ganhou destaque no processo de repatriação dos objetos retirados do Egito. Ela explica como os pesquisadores Zahi Hawass e Salima Ikram recorreram a esse discurso na busca pela repatriação de objetos e salienta que o mesmo foi feito por outras nações. No entanto, não nos parece que tal argumento tenha muita aderência internacional, ao menos não no sentido de fazer os dirigentes dos museus estrangeiros repatriarem os objetos desejados (Costa, 2019).

O segundo caso que pode ser destacado da apresentação de Ferreira (2009b) diz respeito aos **povos e minorias internas aos Estados**. O autor cita dois representantes dessa categoria: os povos indígenas da Austrália e os povos indígenas da América do Norte. Ferreira (2009b) destaca que, depois de batalhas intensas durante a colonização de territórios nessas regiões, tais grupos passaram a travar lutas por direitos civis. No caso de países como Estados Unidos da América e Austrália, a repatriação foi instituída por mecanismos legais, como a Australian Archaeological Association (AAA) e a *Native American Graves Protection and Repatriation Act* (Nagpra) (Ferreira, 2009b).

De todo modo, poderíamos encaixar ambos os casos no que John Henry Merryman chama de **nacionalismo cultural**. Esse autor entende a Convenção da Unesco de 1970 como a grande carta que impôs essa visão no cenário internacional. Nesse pensamento, ao contrário do internacionalismo cultural, os objetos culturais pertencem a um povo específico e, portanto, devem retornar a seus locais de origem. Entretanto, segundo o autor, isso acaba por dividir os países entre aqueles que são "de origem" e os que são "de mercado", ou seja, aqueles de onde provêm os objetos e aqueles que adquirem os artefatos culturais e os colocam em exposição ou à venda.

A grande questão é que os países de origem têm buscado cada vez mais restringir a possibilidade de saída dos bens culturais de seus territórios (Merryman, 2016). Uma das ideias que estariam por trás disso seria a de que os objetos só poderiam ser verdadeiramente compreendidos se isso acontecesse dentro de seus contextos de produção e de seus locais de origem. Assim, parte do pensamento em torno do nacionalismo cultural estaria vinculada à busca por evitar que os objetos saíssem ilicitamente de seus locais de origem. Além disso, tal contexto teria feito com que os países de origem passassem a direcionar sua busca para as iniciativas de repatriação (Merryman, 2016).

Tendo em vista esse panorama, o autor evoca algumas das críticas levantadas contra o nacionalismo cultural. A primeira tem relação com o cuidado e o armazenamento dos bens culturais. Isso porque sua manutenção no território de origem não significa necessariamente que esse local tenha as condições mais adequadas. Em outras palavras, seria mais interessante que as peças estivessem em países de mercado que poderiam garantir melhores condições. Ainda, a permanência dos objetos nas nações de origem pode atravancar o processo de pesquisa e comércio, visto que os locais primários podem superabundar de objetos. Isso faria com que estes permanecessem armazenados, mesmo com o interesse de que fossem disponibilizados para o uso. Ademais, as leis de permanência poderiam ter o impacto de aumentar o mercado ilegal dos objetos, pois isso alimentaria o interesse por tais bens (Merryman, 2016).

Embora algumas dessas críticas tenham, de fato, algum sentido persuasivo, precisamos apontar que nem todas de fato subsistem. Por exemplo, para Costa (2019), a lógica de que países de mercado são capazes de apresentar melhores condições de armazenamento não é verdade. Com relação a isso, a autora cita vários exemplos de museus e de patrimônios arquitetônicos que foram vítimas de destruição pelo mundo. Entre os casos que ela sinaliza, estão os incêndios da Catedral de Notre-Dame, em 2018, em Paris; do Museu Nacional, em 2018, no Brasil; do Museu de Arte Moderna e do Museu de História Natural, ambos em 1970, nos Estados Unidos; e do Museu do Louvre, em 1990, em Paris.

Quanto às demais críticas, vale apontar que não existem garantias de que, se a venda dos objetos fosse colocada dentro das regras de livre comércio e exploração, eles deixariam de ser acumulados. Por seu turno, considerando a possibilidade de se atravancar o processo de pesquisa, Jerome Rose, Thomas Green e Victoria Green (2003) comentam que, no caso do estudo de resquícios humanos nos Estados Unidos, as leis de repatriação feitas nesse país, especificamente a já citada Nagpra, foram responsáveis pelo avanço nas pesquisas com ossaturas de escavações realizadas em territórios indígenas. Uma das razões é que, com o receio de que a nova legislação impedisse a produção de novas pesquisas, os estudiosos agilizaram e aceleraram o estudo daquilo que já havia sido coletado e acumulado (Rose; Green; Green, 2003). Esse exemplo não se encaixa totalmente na crítica levantada por John Merryman (2016), pois esse autor investigava a questão no âmbito internacional, e não no âmbito interno, como é o caso da Nagpra. Mas, ainda assim, trata-se de um bom exemplo de que as leis de repatriação podem gerar efeitos positivos.

No que tange ao Brasil, muito poderia ser dito acerca dos casos de busca de repatriação de objetos nacionais. Um exemplo interessante de repatriação interna é o caso da machadinha *kàjré*, do povo indígena Krahô. Em sua dissertação de mestrado, Jorge Henrique Teotônio de Lima Melo (2010) narra o caso e analisa suas implicações. Trata-se de uma machadinha sagrada retirada de uma das aldeias da comunidade Krahô pelo antropólogo Harald Schultz, um dos principais colaboradores do Museu Paulista, instituição para a qual a peça foi levada em 1947. O objeto só foi entregue ao povo Krahô em 1986, depois de uma negociação com o Museu Paulista, a qual envolveu um longo convencimento dos membros do museu sobre a possibilidade de devolução da peça. Uma das questões que Melo (2010) aponta é que havia, por parte do corpo de servidores do museu, o receio quanto à possibilidade de o grupo indígena não cuidar adequadamente da machadinha. Além disso, a primeira negativa dada à comissão indígena que requereu a peça baseava-se na justificativa de que o objeto não poderia ser devolvido, pois teria sido tombado como patrimônio da humanidade.

É interessante notar que estas últimas questões seguem o mesmo discurso apontado por John Merryman (2016), para o qual o internacionalismo cultural seria a resposta. Entretanto, elas foram levantadas contra um povo indígena nacional, e não nos grandes fóruns internacionais. De toda forma, percebemos como esse discurso pode ser usado em diferentes dimensões para marcar assimetrias de poder entre grupos sociais, povos e países. Neste primeiro caso nacional, os objetos foram devolvidos após uma negociação direta entre os Krahô e o corpo técnico do Museu Paulista. Isso demonstra um lado positivo do contexto brasileiro, porém nos faz questionar a possibilidade de criação de uma legislação própria para o Brasil, nos moldes do modelo Nagpra.

Outro caso importante referente à busca de repatriação diz respeito aos mantos tupinambás confeccionados em território nacional, mas que, por muitos anos, só eram encontrados em museus na Europa. De acordo com Tupinambá e Valente (2021), tais objetos são considerados "joias do colonialismo" e só podiam ser expostos em território brasileiro a partir de pedidos de empréstimo feitos pelos museus nacionais. Todavia, recentemente, graças a uma dessas exposições, dois membros do povo Tupinambá, S. Aloísio e D. Nivalda, tiveram acesso ao objeto, o que levou a comunidade a discutir a importância de seus objetos históricos. Isso motivou uma líder indígena, Glicéria Tupinambá, a fazer uma réplica do manto, que foi posteriormente doada ao Museu Nacional (Tupinambá; Valente, 2021). Embora esse exemplo não seja um caso de devolução do patrimônio, representa muito bem como o Brasil se insere como local de exploração de bens culturais. Tal fato também nos faz observar de que modo nossos povos indígenas acabam sendo impactados pelo passado colonial.

Observando o contexto geral de repatriação, podemos entender que ele se constitui em uma disputa entre os significados que os bens culturais assumem. A busca pelo processo de descolonização também significa a possibilidade de reinterpretar os objetos e de discutir a quem eles devem pertencer. Isso vale tanto para processos internacionais quanto para disputas internas em relação à construção da autoimagem de grupos sociais minoritários dentro de seu próprio país. O contexto em tela promove um amplo espaço para novas pesquisas e gera perguntas que ainda merecem ser respondidas.

6.3 Memórias e estátuas: a disputa pelos significados dos espaços

Anteriormente, discutimos sobre as peças, os objetos e demais bens culturais que compõem o patrimônio cultural móvel de uma sociedade. Tais elementos são expostos e utilizados para construir e demonstrar as ideias de uma nação, tendo como lócus principal os grandes museus e suas exposições. Mas também existe o patrimônio cultural imóvel, que está presente na maior parte do dia a dia da população, pois integra o cenário paisagístico e arquitetônico dos grandes centros. Já comentamos como tais espaços também foram pensados para a construção de ideias e de identidades, assim como os cenários intramuros dos museus. Dessa forma, chegamos ao momento de abordar de que maneira a arquitetura, os monumentos e as paisagens servem como espaços de disputa de significados.

Primeiramente, precisamos salientar que a luta pela ressignificação do planejamento urbano e paisagístico não é nova. Porém, essa questão tem ganhado mais repercussão pública em razão de eventos ocorridos nos Estados Unidos em que houve a derrubada de estátuas de personagens escravocratas que lutaram pelo lado confederado na Guerra de Secessão. Reginaldo Benedito Dias (2012) é um pesquisador que retrata o fenômeno da disputa dos significados dos espaços urbanos mediante uma análise acerca da nomenclatura de ruas em homenagem a mortos e desaparecidos durante o período da ditadura militar no Brasil. O autor revela que houve a intenção de trocar essa nomenclatura. Somado a isso, o pesquisador menciona a organização de movimentos que lutavam por batizar novas ruas, avenidas e praças com o nome de pessoas que perderam a vida em decorrência da luta contra o sistema autoritário. Nesse sentido, Dias (2012) evidencia como tais processos de nomenclatura de espaços públicos têm o objetivo de resgatar a memória de eventos ainda não solucionados pelos órgãos de Estado. Da mesma forma, o autor aponta para o intuito de reconstruir as biografias dos homenageados que foram atacados pelos aparelhos do Estado no período da ditadura.

Um ponto que chama a atenção é como tais processos de nomeação dos espaços e de ressignificação de biografias para a reconstrução da memória são sentidos por todos os lados. Dias (2012) capta, por meio de entrevistas, como a luta pela nomenclatura de espaços pode incorrer em perigos. Cecília Coimbra, fundadora do grupo Tortura Nunca Mais, do Rio de Janeiro, uma das entrevistadas pelo autor, relata que passou a ser perseguida e ameaçada ao conseguir a nomeação de duas ruas com os nomes de Carlos Marighella e Carlos Lamarca. Com esse relato, Dias (2012) traçou as biografias dos dois homenageados. Nelas o autor demonstra que os revolucionários foram tratados como grandes inimigos do governo militar, por estarem envolvidos em grupos armados. O autor também conta como as circunstâncias de suas mortes foram refutadas pela Comissão Especial dos Mortos e Desaparecidos da Câmara Federal (Dias, 2012).

Esse exemplo ressoa no caso da destruição da placa da vereadora assassinada Marielle Franco, também no Rio de Janeiro. Segundo os candidatos que destruíram a placa, a sinalização não tinha valor legal e teria sido colocada ilegalmente pelo Partido Socialismo e Liberdade (Psol) (Maia, 2018). O que relaciona o caso da destruição da placa com o que foi descrito por Reginaldo Dias é que em ambos os casos há uma busca por retratar o nome da vereadora dentro do espaço público para mantê-la na memória da população. Entretanto, um gesto simbólico dessa pretensão foi tomado negativamente por aqueles que se opunham à perspectiva política do partido ao qual ela estava vinculada.

Outro exemplo brasileiro de disputas em torno da significação do patrimônio cultural presente no cenário urbano diz respeito ao incêndio da estátua do bandeirante Borba Gato (Figura 6.1), provocado pela organização do movimento social Revolução Periférica. De acordo com a notícia divulgada pelo *El País*, a disputa pelo significado da estátua já existia mesmo antes da tentativa de sua destruição, mas tal embate se deu mediante abaixo-assinados. Isso porque a imagem dos bandeirantes como heróis paulistas seria questionada por membros de comunidades da cidade, como os pertencentes ao povo Guarani. O bandeirante teria sido responsável pela morte de povos indígenas. Por esse motivo, seu símbolo não deveria permanecer, e o monumento teria de ser retirado ou derrubado (Mercier, 2021).

Nesse caso, observamos a ressignificação da imagem de um homem que, com base na história oficial da cidade, era visto como herói, mas que, ao ser observado pelo olhar dos povos indígenas, representava a destruição de seus modos de vida. Dessa maneira, a destruição do monumento também representa um desafio à história oficial que foi escrita pela perspectiva do colonizador, e não daqueles que foram vitimados.

É importante ressaltar que a ação de destruir estátuas não é especialmente nova. Pelo contrário, ao longo da história, é até mesmo algo comum. Joseph Leo Koerner, em texto com um tom relativamente crítico à iconoclastia, apresenta a destruição de monumentos como parte desse processo. Ele aponta exemplos em que revolucionários buscaram derrubar monumentos em outros momentos históricos, como a destruição da Coluna de Vendôme pela Comuna de Paris e da estátua de bronze de Joseph Stalin durante a Revolução Húngara, em 1958. No primeiro caso, com a queda da coluna, também se demonstrou o fim do legado de Napoleão Bonaparte, o que de certa forma ressoa no caso da queda da imagem de Stalin (Koerner, 2016).

Em todos os casos, a destruição dos monumentos está vinculada à busca de desconstituir a narrativa sobre um

Figura 6.1 – Estátua do bandeirante Borba Gato, que foi danificada depois de ser incendiada durante protestos

Yuri Murakami / Fotoarena

personagem. Não são as imagens em si que estão sendo atacadas, e sim a ampla variedade do que elas representam e trazem à memória. E é nesse ponto que Joseph Koerner adiciona mais elementos em sua análise. O autor argumenta que, para autores como Robert Musil e Zygmunt Freud, a construção de monumentos era um meio pelo qual se acelerava e se promovia o esquecimento, e não a preservação da memória. Conforme esses pensadores, os monumentos, depois de construídos, tornavam-se despercebidos na paisagem e, aos poucos, seus significados e origens tendiam ao esquecimento. Entretanto, Koerner (2016) contraria essas duas ideias ao afirmar que os monumentos não seriam propriamente esquecidos, mas passariam a ocupar um lugar no inconsciente. Assim, a destruição ou a manutenção desses objetos arquitetônicos estaria ligada à reativação da memória coletiva da cultura compartilhada.

Cabe destacar, contudo, que a destruição do patrimônio cultural ganha dimensões muito distintas a depender de como é feita, de quais são seus objetivos e de quem a realiza. Podemos citar três exemplos de destruição do patrimônio: (i) causada por um governo em processo de desocupação do território de uma etnia; (ii) causada por um movimento social que busca questionar a memória prestada a um personagem do passado; (iii) decorrente de uma empresa que pretende modernizar uma região ou gerar ganhos econômicos. Cada um desses casos tem objetivos diferentes, e a derrubada do patrimônio é feita por personagens totalmente distintos. Portanto, esses fatos causam impactos na análise de seus significados.

Veysel Apaydin (2020) busca apresentar as diferenças entre a **manutenção**, a **destruição** e a **reconstrução** do patrimônio em contextos distintos, demonstrando que tais processos têm impactos profundos sobre as comunidades atingidas. O autor compara uma série de lugares a fim de revelar de que modo cada comunidade lidou com o processo de destruição e reconstrução de seu patrimônio. Para nossos objetivos, duas regiões merecem ser mais bem explicitadas: Çattepe, ao sul da Turquia, e Ani, antiga cidade na fronteira leste do mesmo país. Ambos os territórios foram alvos de etnografias feitas pelo autor. No caso de Çattepe, a região estava passando pelo processo de construção de uma barragem, o que obrigou a população a mudar de local. De acordo com Apaydin (2020), a população que habitava a região era principalmente curda, mas a localidade era ocupada desde a Antiguidade, razão pela qual acumulava um patrimônio desde esse período. O autor conta que a comunidade em questão, em vez de destruir todo o patrimônio anterior, buscou acumular e transformar o que havia sido deixado pelos grupos anteriores. Desse modo, os moradores da região criaram fortes vínculos com a paisagem e a natureza locais. No entanto, com a construção da barragem, tudo isso tendia a se perder, o que, por consequência, faria com que a população local perdesse as ligações materiais com sua cultura e memória (Apaydin, 2020).

O exemplo de Çattepe é muito interessante porque amplia a discussão sobre patrimônio que travamos até este momento. A questão deixa de se referir a um monumento ou edifício em específico e passa a abranger uma região inteira, composta de cidades, casas e natureza. É importante observar que a destruição, a reconstrução e a ressignificação de paisagens são tão importantes para a produção da memória e da cultura de uma comunidade quanto monumentos ou estátuas. Além disso, o exemplo indica como o patrimônio pode ser ressignificado quando em contato com outra cultura, assim como sua destruição pode causar perdas inestimáveis para a comunidade.

Isso pode ser facilmente percebido quando consideramos a destruição de aldeias indígenas ou de comunidades ribeirinhas no Brasil, como é o caso apresentado pelos pesquisadores Adzamara Rejane Palha Amaral e Juracy Marques dos Santos (2021). Eles relatam o que aconteceu com a cidade de Velha Sento-Sé, que foi impactada pela construção da barragem utilizada na hidrelétrica de Sobradinho. Os autores reúnem relatos e pesquisas que mostram a destruição do patrimônio material e imaterial da comunidade que vivia nessa região. No que tange às perdas materiais, por meio de entrevistas, Amaral e Santos (2021) apontam que somente sobraram intactas a Casa Grande, que pertenceu à família Sento-Sé, e a Igreja Matriz de São José. O Cais de Velha Sento-Sé, que ficava no porto fluvial, as ruas e casas da cidade e outros pontos importantes foram cobertos pela água. A inundação do espaço também foi responsável pela perda do patrimônio imaterial ou, ao menos, pela necessidade de sua modificação, a exemplo da diminuição da quantidade de dias em uma das festas mais importantes da cidade (Amaral; Santos, 2021).

Retomando o que é apresentado por Veysel Apaydin, vamos considerar agora o exemplo de Ani, que se refere a um caso que demonstra como a perda do patrimônio pode ser devastadora para uma comunidade e que a destruição pode levar à reconstrução e à criação de uma nova memória. Isso porque essa região também abrigou muitos grupos ao longo da história. Todavia, uma das últimas comunidades a habitar a região era composta por armênios que foram alvo de um processo de limpeza étnica durante o século XX, fato que os levou a se espalharem pelo mundo. Ao realizar um estudo etnográfico no local, o autor fez entrevistas com descendentes de pessoas que ali residiam, mas que haviam nascido em outros lugares do mundo. Apaydin (2018) afirma que a mudança forçada até hoje impacta a comunidade, que ainda se sente conectada com a região de outrora. Porém, uma nova comunidade turca se mudou para o espaço e, para construir suas novas moradias, passou a retirar materiais dos antigos monumentos. Apaydin (2018) avalia que esse é um processo de reconstrução de memórias.

Embora a questão referente à disputa pelos nomes de ruas seja muito distinta da destruição provocada em Ani, há similaridades não só com esse caso, mas também com os outros recém-apresentados: a destruição de um patrimônio cultural comum e a disputa pela construção e ressignificação da memória. Tais processos podem gerar consequências muito distintas, a depender de quem os organiza. Apaydin (2020) argumenta que eles devem ser analisados de muitas maneiras, sendo difícil determinar quem tem ou não o direito de agir quanto à destruição e à ressignificação de memórias já estabelecidas. Contudo, o autor alerta que, ao se analisar cada caso, deve-se ter em mente que não podem ser usadas as mesmas explicações para acontecimentos com sentidos muito distintos – por exemplo, em lugares onde as comunidades têm ampla liberdade ou em locais dominados por conflitos, tiranias e terrorismos (Apaydin, 2020). Concordamos com essa observação do autor, pois, no caso brasileiro, a destruição da estátua de Borba Gato é muito distinta da que ocorreu com o patrimônio de Velha Sento-Sé.

Acontece que, quando as comunidades têm amplo comando sobre os processos de destruição, estes também passam a ser processos de construção de um novo patrimônio e de ressignificação das identidades. Nesse sentido, é interessante notar que, poucos meses após o incêndio do monumento do bandeirante na cidade de São Paulo, a prefeitura passou a planejar a implantação de cinco novas estátuas no município em homenagem a importantes figuras negras, durante a semana de valorização do patrimônio (Lopes, 2020; São Paulo, 2020). Trata-se de um caso em que a mobilização da comunidade e o engajamento de movimentos sociais tiveram como resultado a necessidade de os órgãos institucionais se moverem na estruturação de novos símbolos. Exemplos como esse são e serão múltiplos nos novos contextos em que a sociedade brasileira se insere, e esse cenário abre uma ampla possibilidade de estudos para o futuro.

6.4 Mudanças no modelo curatorial

Atualmente, entende-se que o curador é o responsável por organizar exposições de arte, sejam elas públicas ou privadas. Tais exposições acontecem em museus ou galerias, e ao curador cabe organizar os eventos, desde o planejamento até sua execução, com a instalação das obras de arte no espaço previamente estabelecido. O termo *curador* está ligado ao verbo *curar*, que vem do latim *curare*, o qual tem basicamente dois significados. O primeiro diz respeito ao cuidado para com alguém ou alguma coisa, e o segundo, a uma função jurídica relativa àquele que tem uma incumbência legal ou judicial sobre outro, assumindo, assim, a tutela de incapazes, seja por incapacidade física ou mental, seja pelo fato de o tutelado não ter atingido a maioridade (Magalhães; Costa, 2021).

Como vimos nos capítulos anteriores, a prática de colecionar objetos reconhecidos como de valor por sua importância histórica, por sua beleza estética ou, ainda, pela condição de ser uma relíquia da Antiguidade é bastante antiga e está vinculada à figura do antiquário, responsável por catalogar e selecionar tais objetos. No que se refere ao curador, essa origem também está associada ao antiquário; no entanto, em relação às obras de arte, sua atuação propriamente dita está mais bem localizada no período em que surgiram a pintura de cavalete e os gabinetes de curiosidades, nos séculos XV e XVI, respectivamente. A chance de possuir obras de arte que podiam ser facilmente movíveis permitiu a comercialização de tais produtos artísticos.

Um bom exemplo de coleção de obras de arte nesse novo modelo, conforme mencionado por Magalhães e Costa (2021), é a coleção de pinturas do Arquiduque Leopoldo Guilherme da Áustria (1614-1662), com aproximadamente 1.400 obras. Parte dela veio a compor o que futuramente seria o Museu de História da Arte de Viena. O pintor David Teniers foi quem administrou e organizou essa coleção, configurando, assim, o que foi considerado como um primeiro modelo bem-sucedido de catálogo geral de obras de arte. Ele também criou o que foi denominado *pintura de gabinete*, isto é, as obras eram expostas nas paredes do palácio do Arquiduque, e os visitantes podiam apreciá-las. Essa forma de dispor as obras de arte em coleções nas paredes de salões de belas-artes, valorizando a simetria, perdurou até a segunda metade do século XX. Assim, Teniers estabeleceu o que seria uma das primeiras iniciativas do que viria a constituir a atividade de curadoria (Magalhães; Costa, 2021).

Esse modelo de curadoria, em que uma pessoa é responsável pela organização de obras de arte, perpetuou-se e consagrou-se especialmente no período da Revolução Francesa, quando foi preciso contar com esse serviço para organizar as obras de arte nos museus que foram criados, a exemplo do Museu do Louvre no período napoleônico, em que a atividade curatorial de Dominique Vivant-Denon se mostrou semelhante ao papel desempenhado por Teniers anteriormente (Magalhães; Costa, 2021). No Brasil, seguindo o mesmo modelo da Europa, o curador esteve presente nos primeiros museus organizados, e suas responsabilidades, na qualidade de funcionário do Estado, eram catalogar, organizar e manter as coleções dos museus. Nesse caso, tais responsabilidades estavam ligadas à catalogação e organização das coleções de espécimes nativos da fauna e de objetos exóticos dos povos indígenas, que, na maioria dos casos, também eram enviados para os museus da Europa.

Todavia, no Brasil, o período do modernismo foi significativo para a atividade curatorial, e foram os próprios artistas que evidenciaram a necessidade de contar com esse profissional. Como exemplos, podemos citar Anita Malfatti, que, em 1914, expôs suas obras na loja de departamento Mappin Stores, em São Paulo, e mesmo os artistas ligados à Semana de Arte Moderna, em 1922, com suas exposições realizadas no Teatro Municipal de São Paulo. Em ambos os casos, havia referências do exterior quanto ao modo de expor as obras (Madruga; Weymar, 2019). Igualmente nos dois casos, a mostra deixou de ocorrer no espaço do museu para acontecer em outro espaço diferente do tradicional ou, por que não dizer, oficial. Isso é significativo, uma vez que a expressão artística passa a ocupar outros espaços, gerando maior acessibilidade ao público, além de possibilitar novas alternativas aos artistas e à ação curatorial.

Mais adiante, na cronologia do desenvolvimento da curadoria, o marco definitivo das mudanças no conceito curatorial se deu com o advento da arte contemporânea. Esse momento representou um verdadeiro rompimento com o conceito de curadoria, pois foi nele que surgiu a figura do **curador**

independente. Assim, o novo modelo de curador não está mais vinculado a um museu propriamente dito, embora ele possa se utilizar de tal espaço. O curador independente não é um funcionário da instituição museológica, nem mesmo precisa ter formação acadêmica na área para sua profissionalização. Esse profissional é regido pelas leis de mercado e não tem o objetivo de seguir as cronologias da academia no que tange à história da arte. Sua função é mercadológica, o que garante ao artista novas opções de comercializar sua produção e de obter o reconhecimento do público em geral.

De acordo com Magalhães e Costa (2021), nesse novo contexto, o curador independente busca reinventar a atividade curatorial, que vai além das atribuições do curador do museu. Ele não é um especialista, tampouco um historiador ou crítico, mas, movido por interesses multidisciplinares, pode viabilizar ou mesmo potencializar o trabalho do artista, acompanhando-o desde o processo de produção da obra até a exposição e provendo-lhe recursos para expor e vender sua arte.

6.5 Novos tempos, novas artes

No início do capítulo, comentamos que o incêndio do Museu Nacional significou a destruição de parte do patrimônio brasileiro, ao mesmo tempo que sua reconstrução poderia ser vista como uma oportunidade de desenvolver novos tipos e significados para esse patrimônio. Em um segundo momento, analisamos as discussões em torno da repatriação e do retorno de objetos que foram extraídos de seus países e levados a outras nações no contexto do imperialismo. Assim, verificamos como a lógica dos espaços e dos detentores das peças pode influenciar no significado dos bens culturais. Também explicamos que a disputa dos espaços e dos significados dos patrimônios se faz presente tanto em sua destruição como em sua ressignificação.

Ao direcionarmos um olhar mais aprofundado a essas temáticas, percebemos certos sentidos que atravessam todos os casos ou, ao menos, a maior parte deles. Por exemplo, estamos examinando objetos que são físicos, ou seja, que têm materialidade e que podem ser tocados. Consequentemente, todos os objetos se situam em um espaço real, palpável e, para serem acessados, o observador deve se deslocar até eles. Por fim, em todos os cenários citados, a maior força de ressignificação dos bens culturais está em sua construção, destruição, reconstrução e deslocamento. Isso significa que a interação que ocorre em uma materialidade e em uma espacialidade modifica e ressignifica a coisa da forma como esta é dada.

É importante diferenciar a materialidade do objeto, a fisicalidade de seu acesso e a interação como fonte de significado. No entanto, na discussão sobre patrimônio imaterial, notamos que há um tipo de patrimônio que se dá em um espaço, mas que só pode ser acessível por um *know-how* específico. Também é possível perceber que o problema da repatriação está engendrado nessa questão. A materialidade do objeto precisa retornar para sua terra de origem, e a própria luta pela sua devolução perfaz uma interação com o objeto que o ressignifica. Entretanto, os aspectos da materialidade, da espacialidade e da possibilidade de interação passam a suscitar problemas quando pensamos em um novo tipo de se fazer arte e que traz algumas indagações para o que temos chamado até aqui de *patrimônio cultural*. Trata-se da configuração de um novo ambiente, que é o espaço virtual, no qual a cibercultura aparece.

Pierre Lévy (1999) é um dos principais autores que buscaram compreender de que forma as artes se desenvolveriam no ambiente virtual. Para ele, a cibercultura (que se estabelece nos ambientes virtuais e tecnológicos) teria como principal atributo ser "universal sem totalidade" (Lévy, 1999, p. 113). Para o autor, o marco construtor de "universal totalizante" é a passagem da transmissão de conhecimento oral para a de conhecimento escrito.

Antes, todo processo de transmissão de conhecimento se dava necessariamente no mesmo presente, com interlocutores situados no mesmo contexto. Porém, a criação da escrita permitiu que diferentes comunicadores, em espaços e tempos completamente distintos, pudessem compartilhar as mesmas ideias. Esse processo desencadeou a possibilidade de uma totalização de sentido entre aqueles que compartilham o texto e os que o recebem. Também deu origem a ferramentas de interpretação, que, por sua vez, levaram à busca de um universal, de algo que pudesse ser compartilhado por toda a humanidade, garantindo o entendimento comum (Lévy, 1999).

Por outro lado, ainda de acordo com o autor, o espaço virtual daria fim a tais processos. Isso porque sua própria estrutura apresenta a universalização, tendo em vista que toda a sua comunicação é baseada em programas e em lógicas de programação comum (Lévy, 1999). Desse modo, um número cada vez maior de pessoas pode acessar as redes de comunicação. Contudo, em vez de totalizar e fechar toda essa comunidade na mesma rede de sentido, esse processo tende a fracioná-la em diferentes grupos de interesse. Além disso, tal fenômeno tende a ser cada vez mais profundo à medida que essa comunidade aumenta. Quanto mais pessoas têm acesso aos novos meios de comunicação, mais sentidos distintos passam a existir dentro dela. Nas palavras de Lévy (1999, p. 122): "quanto mais universal, menos totalizável".

Lévy (1999) recorre a alguns exemplos para simplificar o entendimento desse processo. Mas basta pensarmos nas grandes redes sociais, como Facebook, Instagram, WhatsApp, Youtube e Spotify. São plataformas virtuais compartilhadas por grupos de sentido muito distintos. Não à toa, elas nos direcionam para a construção de comunidades, grupos de interesse, contatos e estilos, por meio de algoritmos formados com base nas coisas pelas quais mais nos interessamos. A essência desse fenômeno se expressaria dentro do campo das artes por meio da diluição da figura do autor, graças à possibilidade de ocorrer uma coletivização do trabalho de produção das obras artísticas. Isso porque a arte virtual, mesmo quando é vivenciada *off-line* e embora seja organizada por um artista, só é possível por conta da interação das pessoas com a arte produzida. Trata-se de uma arte construída na rede e pelo contato dos indivíduos com o que é produzido. Assim, cada participante é chamado para compor a obra. Ela continua sendo universal, no sentido de que pode estar em todos os espaços da rede, porém não tem seu sentido fechado. Portanto, é impedida de alcançar uma totalidade – função que seria desempenhada pelo autor (Lévy, 1999).

As ideias de Lévy ganham uma importância ainda maior quando as conjugamos com o que é descrito por Edmond Couchot (1982). Esse autor também busca compreender a diferença entre a produção de imagens analógicas e a produção de imagens digitais. Para ele, as imagens analógicas se baseiam no princípio da câmera escura, em que a produção da foto se dá pela fixação da imagem através da relação química entre a luz e a prata. Já na produção digital, a imagem é construída por meio de uma linguagem de programação baseada em cálculos matemáticos que o fotógrafo ou artista precisa dominar (Couchot, 1982). Mesmo quando se pensa na modernidade, ainda que o artista não domine a linguagem de programação, ele precisa conhecer o aplicativo ou programa que usará para criar imagens digitais.

Com base nessas considerações, André Lemos (2008) aponta para a transformação do mundo e da arte virtual, visto ser ela construída por meio de imagens digitais. O autor argumenta que as imagens analógicas eram produzidas através de uma imitação do real, na qual se mantinha o real e, a partir dele, fazia-se a produção de sua representação. Por outro lado, na produção de imagens digitais, já não existe mais a reprodução de um objeto, mas seu simulacro. Isso porque, no processo de virtualização, as imagens já são feitas dentro do processamento eletrônico, ou seja, a base real não é mais necessária para a produção da imagem, uma vez que esta é totalmente simulada por números e cálculos eletrônicos. Assim, no universo virtual, tudo o que é possível de se descrever numericamente também é reproduzível (Lemos, 2008).

Conjugando ambas as ideias, podemos compreender melhor a visão de Lévy (1999) ao afirmar que, por exemplo, esse processo se expressa nos textos pela construção de redes de *hyperlink*, as quais propiciam ao usuário uma ampla navegação pelas informações. Nesse caso, o texto pode se redobrar por diferentes caminhos abertos pelo leitor. Já no caso da música, há os processos de *sampling*, mixagem e remixagem dos sons, os quais são realizados pelos artistas e adotados pela comunidade musical. Por fim, quanto à imagem, existe a possibilidade de imergir nas figuras por meio da exploração e construção colaborativa do que vemos. Cada uma dessas capacidades pode ser explorada pelos outros modelos de arte (Lévy, 1999). Se quisermos entender esses processos, basta voltarmos o olhar para a construção dos chamados *memes*, que expressam profundamente a capacidade de criação colaborativa nas redes. Eles são produtos do universo virtual, independentemente de serem ou não considerados arte.

Mas como esse novo modelo de vivência cibernética da arte pode afetar o patrimônio? Primeiramente, vamos analisar a questão da **digitalização do patrimônio** – temática da qual já tratamos ao abordarmos o incêndio no Museu Nacional. Naquele ponto, a digitalização tinha sido mencionada como uma maneira de solucionar parte da perda do acervo da instituição. Conforme comentamos anteriormente, João Pacheco de Oliveira (2020) viu no uso desse mecanismo tecnológico uma maneira de criar uma dupla realidade dos objetos: uma constituição material e outra digital. Esse processo permite que os públicos brasileiros possam ver virtualmente os objetos que estão restritos à visão europeia, no ambiente físico do museu. Esse cenário seria possível graças a um circuito de relacionamento entre os museus de todo o mundo.

Além disso, não é somente no Brasil que a virtualização tem sido apresentada como solução. Até mesmo em relação à repatriação de objetos, alguns autores sugerem, como alternativa, a produção de réplicas e de amostras digitais, em vez do deslocamento do bem material. Renato Athias (2019) é um dos autores que apontam como a digitalização de objetos culturais pode ser importante para a memória dos grupos tradicionais que tiveram seus bens retirados de seus espaços. Antes de apresentar suas argumentações acerca da digitalização de bens culturais, Athias (2019) destaca a importância das exposições de fotografias para a constituição da memória de povos indígenas, como no caso dos Fulni-ô, por exemplo. Tais fotografias foram retiradas por grupos de antropólogos e agora podem ser vistas pelas comunidades descendentes dos personagens nelas retratados. Sob essa ótica, elas representam uma possibilidade de observar momentos que antes eram apenas narrados, ou seja, nesse caso, podem constituir um novo meio de criar memórias para a comunidade. Considerando o exposto, Athias (2019) nos ajuda a compreender que a apresentação desse tipo de imagem já é de grande valia para tais grupos. Assim, a repatriação de objetos por meios virtuais, mesmo que não se refira aos bens materiais originais, pode ser um caminho para a reconstrução da memória desses povos indígenas.

Athias (2019) cita alguns exemplos de **repatriação virtual** realizada mediante a união de universidades nacionais e internacionais e povos indígenas brasileiros. Para o autor, essas experiências têm viabilizado a construção e a reconstrução da história social do patrimônio, além de possibilitar que se questione a quem tais objetos efetivamente pertenceram e, ainda, de que modo ocorreram os contatos entre os povos dos quais os patrimônios se originaram e aqueles que os retiraram. Ademais, esse processo permite aos que utilizam tecnologias a aquisição de novos conhecimentos referentes aos objetos pela própria interação – por exemplo, entre os povos indígenas e seu patrimônio virtualmente readquirido.

Nesse sentido, Athias (2019) acrescenta que o processo de repatriação do objeto virtual, por meio da digitalização dos objetos, traz uma mudança na balança de conhecimento dos povos criadores do patrimônio e dos museus que são seus expositores materiais. Ainda quanto à materialidade, o autor indica uma solução por meio da impressão 3D, permitida pela digitalização das peças. No entanto, assinala que existem outros aspectos a serem considerados no que diz respeito ao processo de digitalização e exposição virtual do patrimônio, como os **direitos autorais** vinculados a esses objetos.

Esta última questão mencionada por Athias (2019) não é uma proposição propriamente dele, tendo sido apresentada anteriormente por Kate Hennessy (2009). Em artigo publicado na revista *Anthropology News*, a autora relata sua experiência de pesquisa em relação à digitalização do patrimônio indígena do povo norte-americano Dane-zaa. Nessa experiência, a digitalização e a repatriação do patrimônio foram muito produtivas para essa comunidade indígena, já que ela pode ter acesso a seus bens culturais por vias virtuais. Todavia, esse cenário se alterou à medida que os líderes do grupo compreenderam melhor o funcionamento das tecnologias. Ficou claro para eles que o patrimônio, além de estar disponível para seu grupo cultural, também se tornou digitalmente visível para outras pessoas em todo o mundo. Dessa forma, a comunidade questionou seus direitos autorais e intelectuais. Por conta desse fato, tornou-se obrigatória a criação de protocolos para decidir o que seria liberado e o que deveria ser mantido em sigilo.

O exemplo apontado por Hennessy (2009) suscita uma série de questionamentos acerca desse processo de digitalização e virtualização do patrimônio cultural. O primeiro deles, e que a própria autora destaca, decorre das questões éticas que envolvem a exposição virtual. De acordo com Hennessy (2009), os grupos indígenas que tiveram seu patrimônio cultural digitalizado passaram a questionar seus próprios direitos autorais e intelectuais, o que resultou em um paradoxo. Foi o conhecimento digital que permitiu a essas comunidades reivindicar seus direitos; contudo, é esse mesmo meio que facilita a replicação e o uso indiscriminado das imagens.

Ao longo da história dos museus, os direitos autorais e intelectuais dos povos indígenas não se constituíram em um tema de discussão acentuada. Atualmente, o que mais se aproxima desse debate diz respeito à repatriação física de seus objetos. Mesmo assim, nesse cenário, questiona-se a quem pertence a história de tais bens culturais. Se esses objetos foram produzidos por indivíduos ou grupos, não deveria ser aplicada a eles a mesma legislação jurídica a que a autoria de um livro, por exemplo, é submetida ou as leis de patente de invenções de grandes empresas? Sob essa ótica, Manuela Carneiro da Cunha (2009) traz uma longa discussão a respeito da dificuldade que os povos indígenas enfrentaram para questionar a maneira como seus direitos intelectuais eram geralmente tomados no âmbito internacional. Eles precisaram até mesmo desenvolver um conceito de cultura nos mesmos moldes que o das grandes potências, para que assim pudessem ser ouvidos.

Para a nossa discussão, importa observarmos que, anteriormente, os bens culturais eram visíveis somente nos espaços dos museus. Assim, tinham um público relativamente restrito em comparação com as possibilidades permitidas pela internet hoje em dia. Isso garantia um mínimo de privacidade – no caso, aos grupos indígenas, ao menos em relação ao novo nível de exposição a que agora eles podem se submeter em face das novas tecnologias. Como vimos, os semióforos são objetos que têm a função de serem observados, mas não questionamos se seus detentores originários queriam que eles fossem expostos aos outros. Se antes os museus já violavam seus direitos, esse panorama se potencializou muito em virtude dos novos meios de comunicação, visto que, para além da própria hiperexposição, o problema adquire uma proporção ainda maior quando consideramos o próprio comportamento e o fluxo das artes e das informações nos espaços virtuais.

No ambiente virtual, existe a possibilidade de desconstruir a imagem do autor. Dessa maneira, tudo o que é exposto nessa rede universal também começa a fazer parte do processo de destotalização. Quando os bens indígenas passam pelo processo de digitalização, se, por um lado, seu duplo físico permanece no museu, por outro, seu duplo virtual passa a ser exibido aos povos de origem e fica disponível para o uso da comunidade digital. Logo, ao mesmo tempo que determinados bens virtuais podem ser analisados por diferentes grupos de pesquisa em universidades, também ficam expostos para *trolls*, *chans*, *meme makers*[1], entre outros. Essas comunidades podem fazer um uso inadequado dos objetos.

Por essa razão, a digitalização dos bens culturais indígenas, se não for feita de forma correta, poderá acarretar a exposição dessas comunidades a chacotas ou a uma fragmentação mais aprofundada de seus sentidos originais. Se pensarmos que parte do processo imperialista de extrair objetos de outros povos já caminhava na direção de dissolver os sentidos originais, entenderemos que a digitalização

---

1   Esses termos são gírias frequentemente empregadas para fazer referência, na internet, a pessoas ou grupos de pessoas mal-intencionadas que, utilizando-se de sarcasmo e zombaria, buscam transformar em peças cômicas produções de conteúdo sério.

pode promover uma forma mais moderna de agravar a violência contra essas comunidades. Isso não significa, no entanto, que a ideia da digitalização deva ser abandonada, e sim que é preciso considerar tais problemas.

Além do caso recém-mencionado, há outras situações que não foram devidamente exploradas. Entre elas está a questão do **pertencimento do patrimônio**. Com relação aos bens culturais digitalizados, mesmo que sua virtualização os exponha a uma dinâmica não totalizante das redes, a existência do suporte real ainda garante minimamente que seus povos os reivindiquem como pertencentes à sua cultura, isto é, uma comunidade ainda pode reivindicar para si a detenção dos direitos sobre o objeto. Mas o que fazer quando a obra é totalmente virtual, ou seja, não conta com um suporte físico? A quem ela pertence? Quem pode reivindicá-la como patrimônio? Ela pode ser considerada patrimônio cultural universal ou esse conceito em si deixa de fazer sentido?

É difícil responder a essas perguntas sem que haja um contexto, mas um bom exemplo é o evento que ficou conhecido como *Place* ou *r/place*. Esse caso consistiu em um experimento organizado por meio de uma comunidade da rede social Reddit. No evento, havia uma grande tela de 1.000 × 1.000 peças, e vários participantes eram convidados, a cada minuto, a pintar somente uma dessas peças. Por conta da limitação de tempo e do tamanho do quadro, o objetivo era que os participantes se organizassem em grupos para poderem dar forma a suas criações e imagens (Simpson; Lee; Ellis, 2017).

Esse projeto retratou todos os aspectos mencionados por Lévy (1999), uma vez que não havia uma regra geral que determinasse o que deveria ser pintado – cada pessoa poderia exercitar livremente a imaginação. A universalidade estava registrada na rede de algoritmos e de programações que sustentavam a tela, enquanto a falta de totalidade aparecia na independência das ideias que cada uma das comunidades auto-organizadas construía.

Além disso, a obra produzida não tinha qualquer dupla real. Mesmo as reproduções de artes clássicas que foram pintadas na tela virtual – uma reprodução da *Monalisa*, por exemplo – tinham sido feitas por meio da colaboração de várias pessoas (ou seja, no caso do quadro de Da Vinci, a representação não seria uma réplica). Ao final do experimento artístico, obteve-se como resultado uma verdadeira obra de arte colaborativa, criada por pessoas de diversos continentes, regiões e países. Aqui, trata-se de um exemplo de obra de arte que não tem nenhum autor, não pertence a nenhuma cultura particular e não carrega nenhum tipo de materialidade. Seria a *r/place* uma obra impossível de ser patrimonializada? Ou teríamos, ainda, uma obra que seria indiscutivelmente patrimônio universal da humanidade? Tais perguntas não parecem ser passíveis de respostas no momento, principalmente porque mais obras como a *r/place* ainda estão surgindo e a própria noção de propriedade na internet ainda está em processo de construção.

O que vemos no caso da virtualização de bens culturais é apenas um dos exemplos dos desafios que as novas tecnologias impõem ao momento presente. Tais provocações decorrem das características apontadas por Lévy (1999) e Couchot (1982) acerca do funcionamento do espaço virtual. Mas, antes de darmos o assunto por encerrado, precisamos esclarecer algo muito importante. Com todas as argumentações que levantamos, não pretendemos apontar para a ideia de que o patrimônio poderia ter chegado ao seu fim, tampouco a arte e os bens culturais. Isto é, não queremos sugerir que estamos chegando a um momento de substituição de tudo o que conhecemos como bens culturais, semióforos e patrimônios. Apenas estamos questionando de que forma podemos aproveitar as novas tecnologias e quais são os riscos que elas podem proporcionar caso não sejam usadas adequadamente.

Nessa perspectiva, ainda estamos seguindo o caminho indicado por Lévy (1999) em sua crítica à noção de substituição do real pelo virtual. O autor analisa a ideia de que o desenvolvimento de museus e de uma arte virtual poderia levar à decadência e ao fim dos museus reais. Essa hipótese não encontraria amparo nos fatos e, para contrapô-la, o autor recorre ao exemplo das fotografias, as quais nunca chegaram a substituir as pinturas. Na realidade, elas fizeram com que o pintor encontrasse novas maneiras de fazer arte, buscando novos mecanismos para demonstrar suas ideias.

Igualmente, os museus virtuais não vão tirar o espaço de observação dos museus físicos. Pelo contrário, eles podem até mesmo gerar o interesse de mais pessoas para que se dirijam aos museus reais a fim de observarem presencialmente as obras. Lévy (1999) chega até mesmo a caracterizar como moralista a proposta de alguns autores de que a virtualização criaria uma geração de preguiçosos que não sairiam de suas casas para visitarem os museus. O que vemos no exemplo das fotografias é que, quanto maior é a velocidade para criar e transformar ideias, maiores são os níveis de contato e de criação a serem estabelecidos. Nessa ótica, o autor argumenta que, quanto maior for a velocidade da tecnologia, mais tempo teremos para usar na criação artística.

Analisando os questionamentos em relação à virtualização dos bens culturais indígenas, conseguimos compreender que essa iniciativa pode ser positiva. No entanto, não podemos deixar de notar os riscos que podem advir de tal prática. Com isso, não queremos desincentivar a virtualização, mas instigar a reflexão sobre formas de aprimorar as técnicas de virtualização de bens culturais, resguardando-se os direitos autorais e de imagem dos personagens envolvidos, de modo a criar maneiras de proteger os grupos indígenas.

Da mesma forma, quanto ao exemplo do *r/place*, não estamos supondo que novas obras como essa substituiriam a noção de patrimônio. No começo deste capítulo, mencionamos que nosso intuito era pensar como podem ser feitos estudos nas áreas das artes e do patrimônio atualmente, questionando de que modo novos experimentos artísticos podem se tornar bens culturais, talvez em um sentido diferente do que havíamos apresentado até então. Claro está que não temos todas as respostas para essas inquietações. Mas a tecnologia eventualmente nos fornecerá caminhos a serem explorados, por meio dos quais poderemos obter não só as respostas que desejamos, mas também novos questionamentos.

Indicações culturais

ITELEPORT. **Pinacoteca do Estado de São Paulo**. Disponível em: <https://portal.iteleport.com.br/tour3d/pinacoteca-de-sp-acervo-permanente/?utm_medium=website&utm_source=archdaily.com.br>. Acesso em: 12 jul. 2022.

MUSEU CASA DE PORTINARI. Disponível em: <https://www.museucasadeportinari.org.br/TOUR-VIRTUAL/?utm_medium=website&utm_source=archdaily.com.br>. Acesso em: 12 jul. 2022.

Nas duas páginas indicadas, você poderá fazer um *tour* virtual em 360° em dois museus brasileiros: a Pinacoteca do Estado de São Paulo e o Museu Casa de Portinari.

Síntese

Neste capítulo, nosso objetivo era apresentar e analisar alguns problemas contemporâneos referentes ao patrimônio histórico, bem como apontar caminhos para o desenvolvimento de futuras pesquisas e análises.

O primeiro desses problemas foi a construção de memórias e narrativas mediante o cuidado com os museus. Para tanto, observamos o caso do incêndio no Museu Nacional como um exemplo da importância de se investir no trabalho museológico. Igualmente, reafirmamos a necessidade de construir novas narrativas, o que, no exemplo em tela, gira em torno da ideia de manter a sociedade engajada na reconstrução dessa instituição, ressaltando que o incêndio não representou seu fim, mas um momento em sua história que haverá de ser superado.

O segundo problema analisado foi a repatriação do patrimônio e de bens culturais para seus países de origem. Nesse debate, há duas visões opostas: o internacionalismo cultural e o nacionalismo cultural. A primeira visão defende que os bens culturais devem permanecer nos locais em que estão, visto que pertenceriam a um patrimônio universal da humanidade. Já a segunda apregoa que os objetos devem ser devolvidos aos países dos quais foram retirados por meio de processos de exploração, pois são parte do patrimônio histórico de suas nações. Ambas as visões têm argumentos válidos, mas nem sempre eles correspondem à melhor compreensão dos fatos.

Quanto ao terceiro problema levantado, explicamos como a construção, a ressignificação e a destruição de patrimônios têm significados muito distintos a depender do caso e de quem dá início a tais processos. Nesse sentido, examinamos casos em que a destruição e a renomeação de monumentos tinham como objetivo a emancipação e a acomodação de comunidades inteiras. Da mesma forma, analisamos exemplos nos quais processos de destruição do patrimônio causaram muito sofrimento às comunidades que viviam nos espaços em questão. Dessa maneira, enfatizamos que é importante construir memórias e concluímos que a destruição dos bens urbanos, arquitetônicos e paisagísticos deve ser analisada com cuidado, conforme cada caso.

Por fim, com relação à última questão apontada, vimos que até mesmo o modelo de curadoria, antes presente apenas nos museus oficiais e, por que não dizer, estatais, tem sofrido mudanças consideráveis por conta das novas dinâmicas sociais mercadológicas e do próprio conceito de arte no contexto contemporâneo. Além disso, discutimos como o desenvolvimento da digitalização e da virtualização tem tido impactos importantes no patrimônio e na cultura. Quanto a isso, abordamos a emergência da cibercultura, que promove novos tipos de relações sociais, as quais constroem uma forma cultural que é universal não totalizante, nos termos de Pierre Lévy (1999), e que permitem a configuração de um espaço que pode ser utilizado por um número muito grande de pessoas, mas que, ao mesmo tempo, tem a tendência de originar pequenos nichos e comunidades autônomas. Esse fenômeno possibilita a formação de novos modos de arte caracterizados pela ausência de um sentido fechado, uma vez que este pode ser modificado pela interação dos diferentes usuários. Esse tipo de arte apresenta benefícios e riscos que devem ser analisados com cuidado pelos pesquisadores.

Atividades de autoavaliação

1. O incêndio no Museu Nacional foi uma tragédia para toda a área de estudo do patrimônio no Brasil. Dada a importância do evento, deve-se questionar de que forma é possível reconstruir sua memória. Nesse sentido, assinale a alternativa correta:
    a) No caso do Museu Nacional, a memória se estrutura por meio da união entre ações realizadas pelo corpo institucional do museu e a mobilização da opinião pública, no sentido de se observar o incêndio não como seu fim, mas como uma parte de seu processo de existência. Dessa forma, é possível engajar os atores no sentido de reconstruir o museu e seus acervos.
    b) A reconstrução de sua memória independe da participação popular. Basta que a elite intelectual desenvolva uma narrativa sobre o assunto. Assim, pode-se criar a ideia de que é preciso construir um novo museu que não tenha ligação com seu passado.
    c) A reconstrução de sua memória se desenvolve somente pelo interesse estatal e, por esse motivo, tende a ser esquecida, visto que cada vez mais o patrimônio tem perdido importância para parte da elite intelectual do país.

d) A reconstrução de sua memória depende de um engajamento do corpo institucional do museu e da opinião pública, o que não parece estar acontecendo no caso do Museu Nacional. Por isso, sua memória corre o risco de ser esquecida.

e) O processo de reconstrução da memória do Museu Nacional não abre espaço para novos questionamentos sobre a importância do patrimônio nacional. Logo, o que foi perdido no incêndio não pode ser recomposto e reconstruído.

2. Com relação à devolução de patrimônio cultural e a todo o debate que ele envolve, avalie os itens a seguir e marque V para os verdadeiros e F para os falsos:

( ) O movimento que Henry Merryman denomina *internacionalismo cultural* faz referência à ideia de que existem determinados objetos que pertencem ao patrimônio de toda a humanidade. Por esse motivo, não estaria correta a noção de que tais objetos deveriam necessariamente voltar para seus lugares de origem.

( ) O movimento que Henry Merryman denomina *nacionalismo cultural* defende que os bens culturais devem retornar a seus lugares de origem, pois pertencem ao patrimônio de uma nação, comunidade, etnia ou grupo. Aqui nasceria a importância da construção de leis referentes à repatriação de objetos.

( ) O Estado brasileiro e suas instituições de museu ocupam um lugar unilateral na economia de bens culturais no mundo. Por ter sido uma colônia de Portugal, jamais houve a apropriação de bens de grupos étnicos de dentro do território nacional, pois tais bens foram enviados à Europa.

A seguir, assinale a alternativa que apresenta a sequência obtida:

a) V, V, V.
b) V, V, F.
c) F, V, V.
d) F, F, V.
e) F, F, F.

3. O processo de repatriação de objetos está envolto em um debate entre aqueles que defendem a volta dos bens culturais para seus locais de origem e aqueles que estão a favor de sua permanência nos museus estrangeiros. Ambos os lados apresentam diferentes argumentos. A esse respeito, assinale a alternativa que traz uma crítica feita ao nacionalismo cultural e um contra-argumento a essa crítica, respectivamente:

   a) A repatriação de objetos para seus países de origem seria positiva porque permitiria a formação do mito nacional nos territórios de ex-colônias. Entretanto, tais objetos pertencem ao patrimônio da humanidade, de tal forma que não podem ser reivindicados por somente um país ou povo.

   b) As políticas de retorno são fundamentais para preservar objetos que pertencem ao patrimônio da humanidade. Isso ganha maior dimensão quando pensamos em contextos de guerra. No entanto, também devemos considerar que nesses contextos é preciso fazer todo o esforço necessário para vencer o inimigo. Por esse motivo, não precisamos nos preocupar com tratados internacionais.

   c) Frequentemente, afirma-se que políticas de repatriação podem colocar em risco os bens culturais, visto que os países de origem não têm as mesmas condições econômicas para proteger os objetos em sua posse. Isso fica evidente quando observamos os incêndios do Museu Nacional, do Museu da Língua Portuguesa e da Cinemateca, todos os casos no Brasil.

   d) Frequentemente, afirma-se que a repatriação de objetos, assim como o represamento de bens culturais em seus locais de origem, pode causar uma acumulação nos países, o que poderia dificultar a pesquisa sobre esses bens. Contudo, ao analisarmos certas experiências, como a *Native American Graves Protection and Repatriation Act* (Nagpra), nos Estados Unidos, percebemos que leis como essa podem obrigar uma aceleração da pesquisa, assim como o desenvolvimento de novas técnicas de estudo.

   e) Parte das políticas de repatriação de bens culturais envolve a produção de leis que impedem a venda e a retirada de objetos históricos de seus países de origem. Porém, esse tipo de ação pode acabar favorecendo o mercado ilegal, visto que aumenta o valor de raridade desses bens.

4. O processo de destruição de monumentos e de renomeação de lugares está envolto em uma disputa pelo significado do espaço público. Nesse sentido, assinale a alternativa correta:
   a) Esse fenômeno é novo, visto que não existem exemplos de iconoclastia durante a história. Podemos afirmar que se trata de algo contemporâneo e com poucos efeitos a longo prazo.
   b) Não é um fenômeno que tenha exemplos no Brasil, já que o país é muito diverso, o que permite uma pluralidade de opiniões e histórias que são aceitas de forma muito positiva por todos os atores sociais.
   c) É um fenômeno que deve ser analisado com cuidado, porque pode ganhar dimensões muito distintas a depender do modo esse processo é realizado, bem como de seus objetivos e dos atores envolvidos. Por isso, é necessário analisar cada caso individualmente.
   d) Trata-se de um fenômeno muito importante para a construção de narrativas sociais. Isso porque os monumentos têm seus significados esquecidos. Assim, sua destruição ajuda a sociedade a relembrar por que foram colocados no lugar onde estavam e o que eles representavam.
   e) É um fenômeno com pouca importância a longo prazo, pois os monumentos guardam narrativas importantes para a sociedade. Logo, mesmo que haja a destruição de imagens, o mesmo não ocorre com tais narrativas, as quais permanecem no inconsciente social.

5. No que tange à arte virtual, à cibercultura e ao patrimônio, assinale a alternativa **incorreta**:
   a) Segundo Pierre Lévy (1999), podemos entender a cibercultura por meio da ideia de *universal sem totalidade*. Dessa forma, a arte virtual seria universal, visto que é interativa e acessível por todos que têm acesso às redes. Porém, ela não é total, pois, com a desconstrução do autor, seus significados e sua formação dependem dos interesses de cada comunidade.
   b) A digitalização do patrimônio pode ser uma alternativa para a repatriação de bens culturais, uma vez que permite à comunidade de onde tais bens foram retirados ter acesso a esses objetos. Entretanto, devemos ter cuidado com questões referentes a direitos autorais e ao controle de modificação dos objetos digitalizados, porque esse tipo de processo expõe bens culturais às novas dinâmicas das redes.

c) Os processos de *sampling*, mixagem e remixagem dos sons são bons exemplos de perda de totalização. Isso porque, nesses casos, ocorre a fragmentação de sons de outras músicas que são reunidas dentro de novos sons e fenômenos artísticos.

d) Ao observarmos as noções de Edmond Couchot (1982) conjugadas com as observações de André Lemos (2008), podemos considerar que, como a digitalização, a imagem é construída e baseada em cálculos matemáticos. Ou seja, não existe mais a reprodução de um objeto, mas seu simulacro.

e) O processo de virtualização da arte tende a substituir outros processos artísticos e culturais. Dessa forma, podemos concluir que esse contexto pode acarretar o fim dos museus e do próprio conceito de patrimônio.

Atividades de aprendizagem

Questões para reflexão

1. Ao longo deste capítulo, abordamos diversos novos campos em que se pode estudar sobre o patrimônio na atualidade. Na sua visão, de que forma as discussões relacionadas a esses campos podem impactar o desenvolvimento das artes? É possível notar algo delas na arte contemporânea?

2. Neste capítulo, buscamos demonstrar de que modo problemas da atualidade têm suscitado novos debates acerca do patrimônio cultural, trazendo mudanças e desafios. Além disso, em todos os casos, observamos lados positivos e negativos vinculados a tais processos. Escolha um dos temas comentados e reflita a respeito de alternativas para construir um futuro melhor quanto ao cuidado com o patrimônio cultural.

Atividade aplicada: prática

1. Neste capítulo, discutimos como a destruição, a ressignificação e a modificação do patrimônio podem ser impactantes para as comunidades atingidas. Ainda, vimos que o desenvolvimento da tecnologia tem trazido mudanças na própria forma de criar patrimônios. Pesquise na internet sobre algum exemplo de obra de arte virtual que tenha sido constituída por meio da modificação de um patrimônio não virtual. Escreva um texto em que você explique como essa obra de arte repensa e transforma o patrimônio já existente. Ressalte quais comunidades são afetadas nesse processo, quais significados estão em jogo e de que forma esse exemplo pode refletir as transformações sociais associadas às tecnologias.

Considerações finais

Ao longo deste livro, mostramos de que modo o conceito de patrimônio cultural foi desenvolvido no decorrer da história. Também destacamos a riqueza da produção cultural brasileira em suas diversas fases, conforme a divisão considerada na história da arte. Comentamos que o Estado brasileiro tem fomentado a reflexão sobre esse assunto e que agências criadas para lidar com a cultura, como o Instituto do Patrimônio Histórico e Artístico Nacional (Iphan), têm desenvolvido políticas públicas com vistas à preservação do patrimônio cultural nacional.

Em seguida, abordamos o colecionismo e vimos como foram constituídos os museus nacionais, desde sua origem. Além disso, tratamos da construção de memórias e narrativas mediante o cuidado com os museus nacionais e discutimos a temática referente à repatriação do patrimônio. Examinamos igualmente as mudanças pelas quais passou o conceito de curadoria e, por fim, analisamos os processos de construção, ressignificação e destruição de patrimônios, com o objetivo de esclarecer como o desenvolvimento da digitalização e da virtualização tem tido impactos importantes sobre o patrimônio e a cultura.

Muitos foram os assuntos enfocados neste livro. Algumas temáticas de relevância ainda poderiam ser contempladas, principalmente em relação à esfera que estuda o significado das manifestações culturais populares do Brasil e a maneira como isso afeta o patrimônio cultural. As novas tecnologias, a digitalização e a virtualização se constituem em campos amplos e abertos a novas pesquisas, e o conhecimento desses fatores certamente ampliará a significação dos assuntos referentes ao patrimônio cultural. Este livro, portanto, é apenas o início de uma grande discussão a respeito do patrimônio cultural, pois a produção, bem como a criatividade humana, tende a alargar cada vez mais as fronteiras desse conhecimento.

Esperamos que a leitura deste livro tenha sido proveitosa e que os temas aqui abordados possam estimulá-lo(a) a buscar novos conhecimentos, pois o conhecimento sobre o saber e a cultura humana é ilimitado e altamente sedutor.

Referências

AJZENBERG, E. A Semana de Arte Moderna de 1922. **Revista Cultura e Extensão USP**, São Paulo, v. 7, p. 25-29, 2012. Disponível em: <https://www.revistas.usp.br/rce/article/view/46491/50247>. Acesso em: 1º set. 2022.

AMARAL, A. R. P.; SANTOS, J. M. dos. A Velha Sento-Sé e o patrimônio material e imaterial submersos pelas águas da Barragem de Sobradinho. **Memória em Rede**, Pelotas, v. 13, n. 25, p. 31-46, 2021. Disponível em: <https://periodicos.ufpel.edu.br/ojs2/index.php/Memoria/article/view/17786/13334>. Acesso: 12 jul. 2022.

ANDERSON, B. **Comunidades imaginadas**: reflexões sobre a origem e a difusão do nacionalismo. São Paulo: Companhia das Letras, 2008.

APAYDIN, V. The Entanglement of the Heritage Paradigm: Values, Meanings and Uses. **International Journal of Heritage Studies**, v. 24, n. 5, p. 491-507, 2018.

APAYDIN, V. The Interlinkage of Cultural Memory, Heritage and Discourses of Construction, Transformation and Destruction. In: APAYDIN, V. (Org.). **Critical Perspectives on Cultural Memory and Heritage**. London, UK: UCL Press, 2020. p. 13-30. (Construction, Transformation and Destruction). Disponível em: <http://www.jstor.org/stable/j.ctv13xpsfp.7>. Acesso em: 9 ago. 2022.

ARAÚJO, S. B. L. de. **Guardiões, memórias e fronteiras**: histórias e gestão do Museu do Homem do Nordeste. 155 f. Dissertação (Mestrado em Gestão Pública) – Universidade Federal de Pernambuco, Recife, 2014. Disponível em: <https://repositorio.ufpe.br/handle/123456789/13865>. Acesso em: 9 ago. 2022.

ATHIAS, R. Coleções etnográficas, povos indígenas e repatriação virtual: novas questões, velhos debates. In: OLIVEIRA, J. P. de; SANTOS, R. de C. M. (Org.). **De acervos coloniais aos meus indígenas**: formas de protagonismos e de construção da ilusão museal. João Pessoa: Ed. da UFPB, 2019. p. 337-364. v. 1.

BARATA, M. A arte no século XIX: do neoclassicismo e romantismo até o ecletismo. In: ZANINI, W. (Coord. ed.). **História geral da arte no Brasil**. São Paulo: Instituto Walther Moreira Salles, 1983. p. 379-451.

BAUDRILLARD, J. **O sistema dos objetos**. São Paulo: Perspectiva, 1989.

BLOM, P. **Ter e manter**. Rio de Janeiro/São Paulo: Record, 2003.

BOURDIEU, P. **O poder simbólico**. Rio de Janeiro: Bertrand, 1989.

BRASIL. Constituição da República dos Estados Unidos do Brasil, de 16 de julho de 1934. **Diário Oficial**, Rio de Janeiro, 16 jul. 1934. Disponível em: <http://www.planalto.gov.br/ccivil_03/constituicao/constituicao34.htm>. Acesso em: 15 ago. 2022.

BRASIL. Constituição (1988). **Diário Oficial da União**, Brasília, DF, 5 out. 1988. Disponível em: <http://www.planalto.gov.br/ccivil_03/Constituicao/Constituicao.htm>. Acesso em: 9 ago. 2022.

BRASIL. Decreto-Lei n. 25, de 30 de novembro de 1937. **Diário Oficial da União**, Poder Executivo, Brasília, DF, 11 dez. 1937. Disponível em: <http://www.planalto.gov.br/ccivil_03/decreto-lei/del0025.htm>. Acesso em: 9 ago. 2022.

BRITTO, C. C.; SOUZA, J. C.; SILVA, L. M. "É coisas que não dá pra vender, é um negócio pra colecionar pra vida inteira": narrativas sobre um antiquário na periferia de Aracaju-SE. **Emblemas**, Catalão, v. 15, n. 1, p. 27-40, 25, jun. 2018. Disponível em: <https://periodicos.ufcat.edu.br/emblemas/article/view/52661>. Acesso em: 9 ago. 2022.

BUONARROTI, Michelangelo. **A criação de Adão**. 1508-1512. Afresco, 280 × 570 cm. Capela Sistina, Vaticano.

CANEDO, D. "Cultura é o quê?": reflexões sobre o conceito de cultura e a atuação dos poderes públicos. In: ENCONTRO DE ESTUDOS MULTIDISCIPLINARES EM CULTURA, 5., 2009, Salvador. **Anais**... Salvador: UFBA, 2009. Disponível em: <http://www.cult.ufba.br/enecult2009/19353.pdf>. Acesso em: 9 ago. 2022.

CARVALHO, J. C. de. **Meteorito de Bendegó**: histórico do meteorito de Bendegó, tentativas feitas para sua remoção do sertão da província da Bahia para o Museu Nacional, 1888-1928. Rio de Janeiro: [Museu Nacional], 1928.

CHAGAS, M. de S. **A imaginação museal**: museu, memória e poder em Gustavo Barroso, Gilberto Freyre e Darcy Ribeiro. Rio de Janeiro: Ibram, 2009.

CHOAY, F. **Alegoria do patrimônio**. Lisboa: Edições 70, 2014.

CHUVA, M. R. R. **Os arquitetos da memória**. Rio de Janeiro: Ed. da UFRJ, 2017.

CIVITA, V. (Ed.). **Arte no Brasil**. São Paulo: Nova Cultural, 1980.

COSTA, K. L. da. **Caminhos para a descolonização dos museus**: a questão da repatriação das antiguidades egípcias. 295 f. Tese (Doutorado em História) – Universidade Federal de Santa Catarina, Florianópolis, 2019. Disponível em: <https://repositorio.ufsc.br/handle/123456789/214370>. Acesso em: 9 ago. 2022.

COSTA, K. L. da. Pensar o patrimônio cultural por meio da repatriação e restituição de bens culturais. **Patrimônio e Memória**, São Paulo, v. 14, n. 2, p. 256-271, 2018. Disponível em: <https://pem.assis.unesp.br/index.php/pem/article/view/876/1038>. Acesso em: 9 ago. 2022.

COUCHOT, E. La synthese numérique de l'image: vers un nouvel ordre visuel. **Traverse**, Paris, n. 26, p. 56-63, 1982.

CUNHA, M. C. da. "Cultura" e cultura: conhecimentos tradicionais e direitos intelectuais. In: CUNHA, M. C. da. **Cultura com aspas e outros ensaios**. São Paulo: Cosac Naify, 2009. p. 311-373.

CUNHA, O. M. G. da. Do ponto de vista de quem? Diálogos, olhares e etnografias dos/nos arquivos. **Estudos Históricos**, Rio de Janeiro, n. 36, p. 7-32, 2005. Disponível em: <https://bibliotecadigital.fgv.br/ojs/index.php/reh/article/view/2242/1381>. Acesso em: 9 ago. 2022.

D'ALMEIDA, J. M.; DANTAS, R. M. M. C. Casa dos pássaros: local de preparação de material zoológico a ser enviado para Portugal. **História da Ciência e Ensino: Construindo Interfaces**, v. 18, p. 3-22, 2018. Disponível em: <https://revistas.pucsp.br/index.php/hcensino/article/view/37500/27101>. Acesso em: 9 ago. 2022.

DIAS, E. Os retratos de Maria Isabel e Maria Francisca de Bragança, de Nicolas-Antoine Taunay. **Anais do Museu Paulista**, São Paulo, v. 19, n. 2, p. 11-43, dez. 2011. Disponível em: <https://www.revistas.usp.br/anaismp/article/view/5551/7081>. Acesso em: 9 ago. 2022.

DIAS, R. B. Sentidos políticos da toponímia urbana: ruas com nomes de mortos e desaparecidos políticos da ditadura militar brasileira. **Patrimônio e Memória**, São Paulo, v. 8, n. 1, p. 155-181, 2012. Disponível em: <https://pem.assis.unesp.br/index.php/pem/article/view/98>. Acesso em: 9 ago. 2022.

FARIAS, S. M. **Antropologia e museus**: reciprocidades – o caso do Museu do Índio. 192 f. Dissertação (Mestrado em Antropologia) – Universidade Federal de Minas Gerais, Belo Horizonte, 2008. Disponível em: <https://repositorio.ufmg.br/bitstream/1843/VCSA-7FZULA/1/sandra_martins_farias___ppgan_ufmg.pdf>. Acesso em: 9 ago. 2022.

FERREIRA, L. M. História petrificada: a arqueologia nobiliárquica e o Império brasileiro. **Cadernos do CEOM**, ano 17, n. 18, p. 11-40, 2003. Disponível em: <https://bell.unochapeco.edu.br/revistas/index.php/rcc/article/view/2215/1299>. Acesso em: 9 ago. 2022.

FERREIRA, L. M. "Ordenar o caos": Emílio Goeldi e a arqueologia amazônica. **Boletim do Museu Paraense Emílio Goeldi**, v. 4, n. 1, p. 71-91, 2009a. Disponível em: <https://www.scielo.br/j/bgoeldi/a/6qFRkz8bByCFYMs6CdtMsXK/?format=pdf&lang=pt>. Acesso em: 9 ago. 2022.

FERREIRA, L. M. Patrimônio arqueológico, pós-colonialismo e leis de repatriação. In: FUNARI, P. P. A.; PELEGRINI, S.; RAMBELLI, G. (Org.). **Patrimônio cultural e ambiental**: questões legais e conceituais. São Paulo: Annablume, 2009b. p. 67-85.

FONSECA, M. C. L. **O patrimônio em processo**: trajetória da política federal de preservação no Brasil. Rio de Janeiro: Ed. da UFRJ/Iphan, 2005.

FUNARI, P. P.; PELEGRINI, S. C. A. **Patrimônio histórico e cultural**. Rio de Janeiro: Zahar, 2006.

GONÇALVES, J. R. Autenticidade, memória e ideologias nacionais: o problema dos patrimônios culturais. **Estudos Históricos**, Rio de Janeiro, v. 1, n. 2, p. 264-276, 1988. Disponível em: <https://bibliotecadigital.fgv.br/ojs/index.php/reh/article/view/2163/1302>. Acesso em: 9 ago. 2022.

GUIDON, N. Arqueologia da região do Parque Nacional Serra da Capivara – Sudeste do Piauí. **ComCiência**, 10 set. 2003. Disponível em: <https://www.comciencia.br/dossies-1-72/reportagens/arqueologia/arq10.shtml>. Acesso em: 9 ago. 2022.

HENNESSY, K. Virtual Repatriation and Digital Cultural Heritage: the Ethics of Managing Online Collections. **Anthropology News**, v. 50, n. 4, p. 5-6, 2009.

HOLLANDA, H. B. de. Usos da cultura. **Revista Eletrônica Sistemas & Gestão**, v. 7, n. 2, p. 134-142, 2012. Disponível em: <https://www.revistasg.uff.br/sg/article/view/V7N2A1/V7N2A1>. Acesso em: 9 ago. 2022.

IPHAN – Instituto do Patrimônio Histórico e Artístico Nacional. **Livro do Tombo das Artes Aplicadas**. Disponível em: <http://portal.iphan.gov.br/pagina/detalhes/589>. Acesso em: 1 set. 2022a.

IPHAN – Instituto do Patrimônio Histórico e Artístico Nacional. **Patrimônio imaterial**. Disponível em: <http://portal.iphan.gov.br/pagina/detalhes/234>. Acesso em: 3 jul. 2022b.

IPHAN – Instituto do Patrimônio Histórico e Artístico Nacional. **Patrimônio mundial cultural e natural**. Disponível em: <http://portal.iphan.gov.br>. Acesso em: 12 jan. 2022c.

IPHAN – Instituto do Patrimônio Histórico e Artístico Nacional. **Santuário do Bom Jesus de Matozinhos – Congonhas (MG)**. Disponível em: <http://portal.iphan.gov.br/pagina/detalhes/46>. Acesso em: 12 jan. 2022d.

KAUFMANN, T. D. Antiquarianism, the History of Objects, and the History of Art before Winckelmann. **Journal of the History of Ideas**, v. 62, n. 3, p. 523-541, 2001.

KOERNER, J. L. On Monuments. **Res: Anthropology and Aesthetics**, n. 67/68, p. 5-20, 2016.

KOWALSKI, W. Types of Claims for Recovery of Lost Cultural Property. **Museum International**, v. 57, n. 4, p. 85-102, 2005.

LAGROU, E. **Arte indígena no Brasil**: agência, alteridade e relação. Belo Horizonte: C/Arte, 2009.

LEAL, J. Agitar antes de usar: a antropologia e o património cultural. **Memória em Rede**, Pelotas, v. 3, n. 9, p. 1-16, jul./dez. 2013. Disponível em: <https://periodicos.ufpel.edu.br/ojs2/index.php/Memoria/article/download/9452/6192>. Acesso em: 9 ago. 2022.

LE GOFF, J. **História e memória**. Campinas: Ed. da Unicamp, 1990.

LEMOS, A. Arte eletrônica e cibercultura. **Famecos**, Porto Alegre, v. 4, n. 6, p. 21-31, 2008. Disponível em: <https://revistaseletronicas.pucrs.br/ojs/index.php/revistafamecos/article/view/2960/2243>. Acesso em: 9 ago. 2022.

LÉVY, P. **Cibercultura**. São Paulo: Ed. 34, 1999.

LIMA, V. A. E. Um país "em marcha": pensamento e prática artística no Brasil oitocentista. **Impulso: Revista de Ciências Sociais e Humanas**, v. 25, n. 64, p. 107-124, 2015. Disponível em: <https://www.metodista.br/revistas/revistas-unimep/index.php/impulso/article/view/2837/1687>. Acesso em: 9 ago. 2022.

LOPES, M. Carolina de Jesus, Geraldo Filme e outras personalidades negras ganharão estátuas na cidade de SP. **G1**, São Paulo, 17 ago. 2020. Disponível em: <https://g1.globo.com/sp/sao-paulo/noticia/2021/08/17/carolina-de-jesus-geraldo-filme-e-outras-personalidades-negras-irao-ganhar-estatuas-na-cidade-de-sp.ghtml>. Acesso em: 9 ago. 2022.

LOPES, M. M. **Brasil descobre a pesquisa científica**: os museus e as ciências naturais no século XIX. Rio de Janeiro: Hucitec, 1997.

MADRUGA, A. M.; WEYMAR, L. B. C. Curadoria e arte contemporânea: diálogos em construção. **Revista Seminário de História da Arte**, v. 1, n. 8, 2019. Disponível em: <https://periodicos.ufpel.edu.br/ojs2/index.php/Arte/article/view/17900/10828>. Acesso em: 9 ago. 2022.

MAGALHÃES, A. G.; COSTA, H. Breve história da curadoria de arte em museus. **Anais do Museu Paulista**, São Paulo, Nova Série, v. 29, p. 1-34, 2021. Disponível em: <https://www.scielo.br/j/anaismp/a/xpV3jQ5XKBdrjdVyGVL5M3b/?format=pdf&lang=pt>. Acesso em: 9 ago. 2022.

MAIA, G. Placa de Marielle foi quebrada para restaurar a ordem, diz Flávio Bolsonaro. **UOL**, Rio de Janeiro, 4 out. 2018. Disponível em: <https://noticias.uol.com.br/politica/eleicoes/2018/noticias/2018/10/04/placa-de-marielle-foi-quebrada-para-restaurar-a-ordem-diz-flavio-bolsonaro.htm>. Acesso em: 9 ago. 2022.

MARSHALL, F. Epistemologias históricas do colecionismo. **Episteme**, Porto Alegre, v. 20, p. 13-23, jan./jun. 2005. Disponível em: <https://www.researchgate.net/profile/Francisco-Marshall-2/publication/264849099_EPISTEMOLOGIAS_HISTORICAS_DO_COLECIONISMO/links/542ad07f0cf29bbc126a7565/EPISTEMOLOGIAS-HISTORICAS-DO-COLECIONISMO.pdf>. Acesso em: 9 ago. 2022.

MARTINS, A.; KOK, G. **Roteiros visuais no Brasil**: nos caminhos do barroco. São Paulo: Claro Enigma, 2015.

MEDEIROS, A. Cotidiano, colecionismo, arte e museu. In: ROCHA, M. A.; MEDEIROS, A. (Org.). **Fronteiras e alteridade**: olhares sobre as artes na contemporaneidade. Belém: Programa de Pós-Graduação em Artes da UFPA, 2014. p. 28-37.

MEIRELLES, Victor. **Primeira Missa no Brasil**. 1860. 1 óleo sobre tela: color.; 268 × 356 cm. Museu Nacional de Belas Artes, Rio de Janeiro, Brasil.

MELLO, L. C. de. Arqueologia da destruição: o resgate do material arqueológico do Forte Príncipe da Beira após o incêndio do Museu Nacional. **Revista Latino-Americana de Arqueologia Histórica**, v. 14, n. 2, p. 5-26, 2020. Disponível em: <https://periodicos.ufmg.br/index.php/vestigios/article/view/26089>. Acesso em: 9 ago. 2022.

MELO, J. H. T. de L. **Kàjré**: a vida social de uma machadinha krahô. 155 f. Dissertação (Mestrado em Antropologia Social) – Universidade Federal do Rio Grande do Norte, Natal, 2010. Disponível em: <https://repositorio.ufrn.br/bitstream/123456789/12264/1/K%C3%A0jr%C3%A9VidaSocial_Melo_2010.pdf>. Acesso em: 9 ago. 2022.

MENDES, A. R. **O que é património cultural**. Olhão: Gente Singular, 2012.

MENESES, U. B. A arte no período pré-colonial. In: ZANINI, W. (Coord. ed.). **História geral da arte no Brasil**. São Paulo: Instituto Walther Moreira Salles, 1983. p. 19-46.

MERCIER, D. Estátua de Borba Gato, símbolo da escravidão em São Paulo, é incendiada por ativistas. **El País**, São Paulo, 24 jul. 2021. Disponível em: <https://brasil.elpais.com/brasil/2021-07-24/estatua-do-borba-gato-simbolo-da-escravidao-em-sao-paulo-e-incendiada-por-ativistas.html>. Acesso em: 9 ago. 2022.

MERRYMAN, J. H. Dois modos de se pensar os bens culturais. In: FABRIS, A. L. (Org.). **A proteção internacional de bens culturais**: textos escolhidos. Belo Horizonte: NEHCIT, 2016. p. 56-87.

MIGLIACCIO, L. A arte no Brasil entre o Segundo Reinado e a Belle Époque. In: BARCINSKI, F. W. (Org.). **Sobre a arte brasileira**: da pré-história aos anos 1960. São Paulo: M. Fontes/Edições SESC-SP, 2014. p. 174-231.

MOMIGLIANO, A. **Raízes clássicas da historiografia moderna**. São Paulo: Edusc, 2004.

NOBRIGA, H. de S. **Arte contemporânea**. Londrina: Editora e Distribuidora Educacional, 2016.

OLIVEIRA, J. P. de. Perda e superação. In: SANTOS, R. de C. M. **No coração do Brasil**: a expedição de Edgard Roquette-Pinto à Serra do Norte (1912). Rio de Janeiro: SEE/Museu Nacional/UFRJ, 2020. p. 7-23.

OLIVEIRA, J. P. de. Portrait of a Young Indian Gentleman: Recontextualizing Ethnic Objects and Images of the Colonized. **Civilisations**, v. 52, n. 2, p. 105-125, 2005.

OLIVEIRA, M. A. R. Maneirismo, barroco e rococó na arte religiosa e seus antecedentes europeus. In: BARCINSKI, F. W. (Org.). **Sobre a arte brasileira**: da pré-história aos anos 1960. São Paulo: M. Fontes/Edições SESC-SP, 2014. p. 96-135.

PEARCE, S. **On Collecting**: an Investigation into Collecting in the European Tradition. London/New York: Routledge, 1995.

PELEGRINI, S. C. A.; FUNARI, P. P. **O que é patrimônio cultural imaterial?** São Paulo: Brasiliense, 2008.

PESSIS, A.-M.; MARTIN, G. Arte pré-histórica do Brasil: da técnica ao objeto. In: BARCINSKI, F. W. (Org.). **Sobre a arte brasileira**: da pré-história aos anos 1960. São Paulo: M. Fontes/Edições Sesc-SP, 2014. p. 22-61.

PINHEIRO, T. M.; DEUS, C. C. R. D. de; PINTO, D. de S. O incêndio do Museu Nacional nas narrativas das "mulheres do resgate": desdobramentos e perspectivas. **Revista Internacional Interdisciplinar INTERthesis**, v. 18, n. 1, p. 1-20, 2021. Disponível em: <https://periodicos.ufsc.br/index.php/interthesis/article/view/77350>. Acesso em: 12 jul. 2022.

POLLAK, M. Memória, esquecimento, silêncio. **Estudos Históricos**, Rio de Janeiro, v. 2, n. 3, p. 3-15, 1989. Disponível em: <https://www.uel.br/cch/cdph/arqtxt/Memoria_esquecimento_silencio.pdf>. Acesso em: 9 ago. 2022.

POMIAN, K. Colecção. In: ROMANO, R. **Enciclopédia Einaudi**: Memória/História. Lisboa: Imprensa Casa da Moeda, 1984. p. 51-85. v. 1.

POMIAN, K. História cultural, história dos semióforos. In: RIOUX, J. P.; SIRINELLI, J. F. (Org.). **Para uma história cultural**. Lisboa: Estampa, 1998. p. 71-95.

PORTA, P. **Política de preservação do patrimônio cultural no Brasil**: diretrizes, linhas de ação e resultados: 2000/2010. Brasília: Iphan/Monumenta, 2012.

PROUS, A. **Arte pré-histórica do Brasil**. Belo Horizonte: C/Arte, 2007.

QUIRICO, T. O IPHAN e a proteção das artes plásticas brasileiras modernas. In: CAVALCANTI, A. M. T.; DAZZI, C.; VALLE, A. (Org.). **Oitocentos**: arte brasileira do Império à Primeira República. Rio de Janeiro: Escola de Belas Artes-UFRJ, 2008. p. 64-70.

RADOVČIĆ, D. et al. Evidence for Neandertal Jewelry: Modified White-Tailed Eagle Claws at Krapina. **Plos One**, v. 10, n. 3, 2015. Disponível em: <https://journals.plos.org/plosone/article/file?id=10.1371/journal.pone.0119802&type=printable>. Acesso em: 9 ago. 2022.

RAFFS, L. Índios terena contam sua história e cultura em exposição na USP. **Jornal da USP**, 26 jun. 2019. Disponível em: <https://jornal.usp.br/universidade/eventos/indios-terena-contam-sua-historia-e-cultura-em-exposicao-na-usp/>. Acesso em: 22 ago. 2022.

RANGEL, V. B. Uma gota de sangue no Museu do Homem do Nordeste. In: ESPINA BARRIO, A.; MOTTA, A.; GOMES, M. H. (Org.). **Inovação cultural**: patrimônio e educação. Recife: Massangana, 2010. p. 313-327.

RENAULT, L. V.; ARAÚJO, C. A. A. O ato colecionador: uma visão a partir das disciplinas de Arquivologia, Biblioteconomia e Museologia. **InCID: Revista de Ciência da Informação e Documentação**, Ribeirão Preto, v. 6, n. 1, p. 79-92, 2015. Disponível em: <https://www.revistas.usp.br/incid/article/view/76155/96272>. Acesso em: 9 ago. 2022.

RIBEIRO, D. Tribos indígenas. In: ZANINI, W. (Coord. ed.). **História geral da arte no Brasil**. São Paulo: Instituto Walther Moreira Salles, 1983. p. 47-87.

ROSE, J. C.; GREEN, T. J.; GREEN, V. D. Nagpra is Forever: Osteology and the Repatriation of Skeletons. **Annual Review of Anthropology**, v. 25, n. 1, p. 81-103, 2003.

ROSSETTI, M. Modernismo. **Revista USP**, São Paulo, Dossiê Semana de Arte Moderna, n. 94, p. 123-140, 2012. Disponível em: <https://www.revistas.usp.br/revusp/article/view/45185/48797>. Acesso em: 9 ago. 2022.

SALA, D. Mário de Andrade e o anteprojeto do Serviço do Patrimônio Artístico Nacional. **Revista do Instituto de Estudos Brasileiros**, São Paulo, v. 31, p. 19-26, 1990. Disponível em: <https://www.revistas.usp.br/rieb/article/view/70041/72681>. Acesso em: 9 ago. 2022.

SANJAD, N. Emílio Goeldi (1859-1917) e a institucionalização das ciências naturais na Amazônia. **Revista Brasileira de Inovação**, v. 5, n. 2, p. 455-477, 2006. Disponível em: <https://periodicos.sbu.unicamp.br/ojs/index.php/rbi/article/view/8648936/15482>. Acesso em: 9 ago. 2022.

SANTOS, E. C. dos. Remanescentes humanos no contexto arqueológico. **Revista de Arqueologia**, v. 32, n. 1, p. 69-83, 2019. Disponível em: <https://www.revista.sabnet.org/index.php/sab/article/view/611>. Acesso: 9 ago. 2022.

SANTOS, M. B. P. dos. **Viagens de Mário de Andrade**: a construção cultural do Brasil. 203 f. Tese (Doutorado em Ciências Sociais) – Pontifícia Universidade Católica de São Paulo, São Paulo, 2012. Disponível em: <https://tede2.pucsp.br/bitstream/handle/3415/1/Marcelo%20Burgos%20Pimentel%20dos%20Santos.pdf>. Acesso em: 9 ago. 2022.

SÃO PAULO (Cidade). Secretaria Especial de Comunicação. **Prefeitura assegura espaço para personalidades negras na cidade e cinco novas estátuas serão instaladas em espaços públicos nos próximos meses**. 17 ago. 2020. Disponível em: <https://www.capital.sp.gov.br/noticia/cinco-personalidades-negras-ganharao-estatuas-na-cidade-de-sao-paulo>. Acesso em: 9 ago. 2022.

SCHWARCZ, L. M. **O espetáculo das raças**: cientistas, instituições e questão racial no Brasil, 1870-1930. São Paulo: Companhia das Letras, 2002.

SCHWARCZ, L. K. M. O nascimento dos museus no Brasil. In: MICELI, S. (Org.). **História das ciências sociais no Brasil**. São Paulo: Vertice, 1989. p. 29-90. v. 1.

SENADO FEDERAL. Secretaria de Informação e Documentação. **Senatus: Cadernos da Secretaria de Informação e Documentação**, Brasília, v. 1, n. 1, p. 1-95, dez. 2001. Disponível em: <https://www2.senado.leg.br/bdsf/bitstream/handle/id/507843/Senatus_v1_n1.pdf?sequence=1&isAllowed=y>. Acesso em: 9 ago. 2022.

SILVA JUNIOR, J. D. da. Reconfiguração do acervo da Seção de Memória e Arquivo do Museu Nacional após o incêndio. **Anales de Documentación**, v. 24, n. 2, p. 1-15, 2021. Disponível em: <https://revistas.um.es/analesdoc/article/view/462511>. Acesso em: 9 ago. 2022.

SIMPSON, B.; LEE, M.; ELLIS, D. How We Built r/Place. **Upvoted**, 13 Apr. 2017. Disponível em: <https://www.redditinc.com/blog/how-we-built-rplace>. Acesso em: 9 ago. 2022.

SOUZA, D. A. D.; BATISTA, V. M. **História da arte**. Porto Alegre: Sagah, 2019.

STAROBINSKI, J. **As máscaras da civilização**. São Paulo: Companhia das Letras, 2001.

SUANO, M. **O que é museu?** São Paulo: Brasiliense, 1986. (Coleção Primeiros Passos, n. 182).

TOLEDO, B. L. Do século XVI ao início do século XIX: maneirismo, barroco e rococó. In: ZANINI, W. (Coord. ed.). **História geral da arte no Brasil**. São Paulo: Instituto Walther Moreira Salles, 1983. p. 89-298.

TOMAZ, P. C. **Cidade, memória e patrimônio**. Curitiba: Appris, 2019.

TORAL, A. A. No limbo acadêmico: comentários sobre a exposição "Almeida Júnior – um criador de imaginários". **ARS**, São Paulo, v. 5, p. 38-49, 2007. Disponível em: <https://www.revistas.usp.br/ars/article/view/2995/3685>. Acesso em: 9 ago. 2022.

TUPINAMBÁ, G.; VALENTE, R. **Manto tupinambá**. set. 2021. Disponível em: <https://www.museunacional.ufrj.br/see/objetos_manto_tupinamba.html>. Acesso em: 9 ago. 2021.

TYLOR, E. B. **Primitive Culture**. London: J. Murray, 1871. v. 1.

VELOSO, M. Intrépido Rodrigo. **Revista de História da Biblioteca Nacional**, n. 26, nov. 2007.

VIEIRA, M. A. do N. O fogo e o patrimônio: aproximações e distanciamentos entre os incêndios do Museu Nacional e a Catedral Notre-Dame de Paris. In: REUNIÃO BRASILEIRA DE ANTROPOLOGIA, 32., 2020, Rio de Janeiro. **Anais**... Rio de Janeiro: UFRJ, 2020. Disponível em: <https://www.32rba.abant.org.br/arquivo/downloadpublic?q=YToyOntzOjY6InBhcmFtcyI7czozNToiYToxOntzOjEwOiJJRF9BUlFVSVZPIjtzOjQ6IjI5NzUiO3oiO3M6MToiaCI7czozMjoiMGU5YjlhMWYxMTFiYmUzMTlkY2MyY2I1ZGFhODcyMTQiO3o%3D>. Acesso em: 9 ago. 2022.

VOGT, O. P. Patrimônio cultural: um conceito em construção. **Métis: História & Cultura**, v. 7, n. 13, p. 13-31, jan./jun. 2008. Disponível em: <http://www.ucs.br/etc/revistas/index.php/metis/article/view/687/498>. Acesso em: 9 ago. 2022.

Bibliografia comentada

APAYDIN, V. (Org.). **Critical Perspectives on Cultural Memory and Heritage**. London, UK: UCL Press, 2020.

>Nessa obra, Veysel Apaydin destaca a importância de se compreender a construção, a ressignificação, a transformação e a destruição da memória, por meio de uma observação de seus impactos sobre as comunidades que se relacionam com espaços, objetos e outros patrimônios culturais. Trata-se de uma leitura muito importante para entender de que modo a ação promovida sobre e contra o patrimônio tem resultados efetivos na memória social.

BLOM, P. **Ter e manter**. Rio de Janeiro/São Paulo: Record, 2003.

>Esse livro de Philipp Blom traz uma análise do fenômeno colecionista com base em casos específicos, os quais o autor relaciona a contextos mais gerais. Essa forma diferenciada de apresentação do estudo garante ao leitor a possibilidade de realizar uma observação mais concreta das diversas facetas do colecionismo. É uma leitura essencial para aqueles que desejam aprofundar-se no estudo do colecionismo em suas variadas fases.

CHAGAS, M. de S. **A imaginação museal**: museu, memória e poder em Gustavo Barroso, Gilberto Freyre e Darcy Ribeiro. Rio de Janeiro: Ibram, 2009.

>Mário de Souza Chagas apresenta nessa obra o que se denomina *imaginação museal*. O autor explica de que forma ela representa o contexto e as experiências daqueles que compõem e constroem os museus. Para tanto, faz uma análise de três pensadores que, para além de sua relevância nas áreas política e científica, foram responsáveis pela construção de importantes museus no último século. A leitura é indicada tanto

para compreender a importância dos museus na construção de imaginários sociais como para entender a formação museológica no país no século XX.

CHUVA, M. R. R. **Os arquitetos da memória**. Rio de Janeiro: Ed. da UFRJ, 2017.

A obra *Os arquitetos da memória*, de Márcia Chuva, trata das ações voltadas à proteção do patrimônio histórico e cultural no Brasil nos anos de 1930 a 1940. A autora busca expor detalhadamente as ações governamentais realizadas por meio do Serviço do Patrimônio Histórico e Artístico Nacional (Sphan), criado em 1937. A preocupação governamental consistia em forjar uma identidade nacional imaginada, por meio da valorização e da preservação de bens, monumentos e obras de arte considerados de valor histórico para a nação brasileira, e o livro explica como se deu esse processo.

CIVITA, V. (Ed.). **Arte no Brasil**. São Paulo: Nova Cultural, 1980.

Trata-se de uma obra relevante que busca detalhar, de forma cuidadosa, os diversos períodos da arte no Brasil, desde o período anterior à chegada dos primeiros europeus no início do século XVI, com a arte indígena, até as décadas de 1960 e 1970, com a quebra de paradigmas no mundo das artes e o surgimento da arte pós-moderna. Embora o ano de sua publicação esteja afastado cronologicamente, ainda assim é importante conhecê-la, pois o livro aborda períodos relevantes da arte brasileira. O material é ilustrado com diversas fotos de obras de arte, esculturas e obras arquitetônicas de renomados artistas e arquitetos brasileiros.

FABRIS, A. L. (Org.). **A proteção internacional de bens culturais**: textos escolhidos. Belo Horizonte: NEHCIT, 2016.

Essa coletânea produzida por Alice Lopes Fabris é uma tradução de textos-chave para compreender o funcionamento, a regulamentação e outras discussões acerca do cuidado de bens culturais no âmbito internacional. Nesse sentido, o livro é indicado para uma compreensão introdutória dos principais problemas e discussões relacionados a esse campo.

FONSECA, M. C. L. **O patrimônio em processo**: trajetória da política federal de preservação no Brasil. Rio de Janeiro: Ed. da UFRJ/Iphan, 2005.

O patrimônio em processo é um livro clássico a respeito do tema da preservação do patrimônio histórico artístico e cultural no Brasil. Maria Cecília Londres Fonseca aborda o assunto buscando definir a trajetória da política governamental desde as discussões modernistas, ainda no período de governo de Getúlio Vargas, até a década de 1990. A autora discute o desenvolvimento da preservação do patrimônio cultural no Brasil em três momentos distintos: a fase heroica, a fase moderna e a prática de tombamento entre os anos 1970 e 1990.

FUNARI, P. P.; PELEGRINI, S. C. A. **Patrimônio histórico e cultural**. Rio de Janeiro: Zahar, 2006.

Nesse livro, os autores buscam traçar em linhas gerais o desenvolvimento do tema da preservação do patrimônio histórico e cultural desde suas origens no contexto mundial, além de enfocar suas particularidades na América Latina e no Brasil. Trata-se de um livro bastante relevante, com linguagem clara e de fácil leitura, que propicia uma boa compreensão acerca do assunto.

LÉVY, P. **Cibercultura**. São Paulo: Ed. 34, 1999.

Nessa obra, Pierre Lévy tece uma profunda análise dos efeitos das mudanças tecnológicas e da constituição da cibercultura que as acompanha. O autor apresenta uma série de conceitos, categorias e teorias que ajudam a explicar como o ambiente virtual e digital influencia na sociedade. É uma leitura fundamental para quem pretende começar a compreender o desenvolvimento da cultura dentro dessas novas balizas.

LOPES, M. M. **Brasil descobre a pesquisa científica**: os museus e as ciências naturais no século XIX. Rio de Janeiro: Hucitec, 1997.

Maria Margaret Lopes apresenta nessa obra uma análise do progresso da ciência no Brasil, com foco principal no desenvolvimento dos museus. Nesse livro encontramos explicações detalhadas acerca do

Museu Nacional, do Museu Paraense Emílio Goeldi e do Museu do Ipiranga. Por meio dessa leitura, podemos compreender melhor como ocorreu a expansão da ciência nacional durante seus primeiros séculos.

OLIVEIRA. J. P. de; SANTOS, R. de C. M. (Org.). **De acervos coloniais aos museus indígenas**: formas de protagonismos e de construção da ilusão museal. João Pessoa: Ed. da UFPB, 2019.

Essa coletânea organizada por João Pacheco de Oliveira e Rita de Cássia Melo Santos faz parte de um esforço teórico para repensar a organização, a exposição e a constituição dos museus etnográficos no país. Nesse sentido, cada um dos textos escolhidos pelos autores ajuda a pensar as possibilidades de construção e constituição dos museus, a fim de incluir a participação dos povos representados e de modificar as ideias de seus observadores. Além disso, o livro apresenta pistas ou caminhos para solucionar os problemas modernos relacionados à exposição dos patrimônios culturais.

PEARCE, S. **On Collecting**: an Investigation into Collecting in the European Tradition. London/New York: Routledge, 1995.

Nessa obra, Susan Pearce registra uma análise do desenvolvimento do colecionismo no Ocidente. Entre suas teses está a de que os povos que viveram no Ocidente compartilhavam aspectos culturais parecidos, os quais levariam a uma relação diferenciada com os objetos, favorecendo uma espécie de colecionismo. Sob essa perspectiva, a leitura do texto é fundamental, visto que, além enfatizar questões culturais, contextualizando a análise, também ajuda a entender melhor a construção daquilo que chamamos de *colecionismo*.

PORTA, P. **Política de preservação do patrimônio cultural no Brasil**: diretrizes, linhas de ação e resultados: 2000/2010. Brasília: Iphan/Monumenta, 2012.

Nessa obra, Paula Porta busca expor detalhadamente as ações governamentais voltadas à preservação cultural no Brasil por meio de políticas públicas desenvolvidas pelo Serviço do Patrimônio Histórico e Artístico Nacional (Sphan). A autora se concentra nas principais ações governamentais desenvolvidas durante o período dos anos 2000 a 2010. No livro, evidencia-se que houve uma ampliação no que diz respeito à preservação cultural no Brasil, por conta dos novos entendimentos acerca do tema.

SCHWARCZ, L. M. **O espetáculo das raças**: cientistas, instituições e questão racial no Brasil, 1870-1930. São Paulo: Companhia das Letras, 2002.

Esta é uma das obras mais importantes para a compreensão do progresso da ciência no Brasil. Nela, Lilia Moritz Schwarcz trata das instituições científicas no Brasil e explica de que forma elas estavam vinculadas a ideias evolucionistas e darwinistas sociais, bem como a outras noções de raça. Por isso, a leitura desse texto é recomendada para entender melhor como o pensamento científico está relacionado ao contexto em que é produzido e a quais objetivos ele pode estar submetido.

TOMAZ, P. C. **Cidade, memória e patrimônio**. Curitiba: Appris, 2019.

Trata-se de uma obra bastante relevante para quem deseja compreender como ocorre na prática o tombamento de determinado bem, que vem a ser reconhecido como de valor histórico e cultural para certa sociedade, principalmente quando esse bem pertence à esfera privada, gerando interesses econômicos, além de disputas e discussões nas esferas pública, política e universitária. A leitura desse livro permite refletir sobre a valorização dos espaços urbanos como locais de memória e construção social, o que ajuda especialmente a entender em que consiste a preservação do patrimônio cultural.

Respostas

Capítulo 1

Atividades de autoavaliação
1. c
2. c
3. e
4. a
5. b

Capítulo 2

Atividades de autoavaliação
1. b
2. d
3. b
4. c
5. d

Capítulo 3

Atividades de autoavaliação
1. e
2. c
3. d
4. c
5. d

Capítulo 4

Atividades de autoavaliação
1. b
2. c
3. d
4. b
5. c

Capítulo 5

Atividades de autoavaliação
1. a
2. e
3. b
4. d
5. c

Capítulo 6

Atividades de autoavaliação
1. a
2. b
3. d
4. c
5. e

Sobre o autor

Paulo Cesar Tomaz é graduado em História pela Universidade Estadual de Maringá (UEM) e em Teologia pelo Seminário Presbiteriano do Sul (SPS) e pela Universidade Metodista de São Paulo (Umesp). É mestre em História pela UEM e doutor em Ministério (D.Min.) pelo Reformed Theological Seminary (RTS) em parceria com o Centro Presbiteriano de Pós-Graduação Andrew Jumper (CPAJ-Mackenzie). É especialista em Planejamento, Implementação e Gestão da Educação a Distância (Pigead) pela Universidade Federal Fluminense (UFF). É graduando do curso de Direito da Universidade Presbiteriana Mackenzie, *campus* Campinas. É parecerista da revista *Patrimônio e Memória*, vinculada à Faculdade de Ciências e Letras da Universidade Estadual Paulista Júlio de Mesquita Filho (Unesp), parecerista *ad hoc* da *Revista Mosaico*, que pertence à Escola de Ciências Sociais da Fundação Getulio Vargas (CPDOC/FGV), e parecerista da *Fênix – Revista de História e Estudos Culturais*, do Núcleo de Estudos em História Social da Arte e da Cultura da Universidade Federal de Uberlândia (NEHAC/UFU). Escreveu vários artigos nas áreas de teologia e história e é autor do livro *Cidade, memória e patrimônio*, publicado em 2019. Também é artista plástico e admirador das artes.

Para contato com o autor:
E-mail: paulocesartomaz@gmail.com
Instagram: @paulotomaz.art

Os papéis utilizados neste livro, certificados por instituições ambientais competentes, são recicláveis, provenientes de fontes renováveis e, portanto, um meio responsável e natural de informação e conhecimento.

FSC
www.fsc.org
MISTO
Papel | Apoiando o manejo florestal responsável
FSC® C103535

Impressão: Reproset